森 良一
MORI RYOICHI

保健主事の仕事

東洋館出版社

はじめに

　保健主事は、学校保健と学校全体の活動に関する調整や学校保健計画の作成、学校保健に関する組織活動の推進（学校保健委員会の運営）など学校保健に関する事項の管理に当たる職員であり、その果たすべき役割は極めて重要です。しかし、すべての教職員に保健主事の役割が認識されているとは言い難いですし、そもそも保健主事に関する本はこれまでほとんど出版されてきませんでした。その理由の一つとして、保健主事の役割や実務に関する専門家の不在があります。

　そこで、本書は、実際に教育委員会等で学校保健や保健主事の指導に関わった学校長等を執筆者に迎え、学校や教育行政に精通した立場から保健主事に関する内容を吟味するようにしました。そのため、保健主事の役割に関する基本的な理解やこれからの学校保健を推進するために参考となる内容にすることができました。

　また、学校保健を推進する上で中核となる学校保健計画については、特に保健教育についての記載で過去の学習指導要領に基づいて作成されているものが散見されており、事例等を含めそれらを改善するための材料を提供することに力を入れました。

　本書を十分活用されることで、保健主事の役割が確認され、学校保健の一層の推進につながることを期待しています。

　末尾となりましたが、執筆いただきました先生方に厚く御礼申し上げますとともに、本書の企画、編集にご尽力いただきました東洋館出版社の近藤智昭氏をはじめ、編集部の方々に謝意を表します。

2025年3月

編著者　**森良一**

目 次

はじめに 1

第 1 章　保健主事としてまずは知っておきたいこと

学校保健とは 8

保健主事の心構え 10

現代の子供たちの健康課題 12

新学習指導要領で求められていること 16

保健主事に求められるマネジメント 20

学校保健における教職員の協力体制づくり 22

学校保健と学校全体の活動を調整する 24

学校組織全体で取り組む保健教育 26

教育活動の推進に不可欠な保健管理 30

学校段階による学校保健と保健主事の特徴①：小学校 34

学校段階による学校保健と保健主事の特徴②：中学校 36

学校段階による学校保健と保健主事の特徴③：高等学校 38

学校保健の学校段階別評価①：小学校 40

学校保健の学校段階別評価②：中学校 42

学校保健の学校段階別評価③：高等学校 44

第 2 章　保健主事の仕事を知る

［スタート期：4月～5月］

学校保健計画の作成 48

保健教育の年間計画の決定 ……………………………………………… 50

学校保健に関する校内組織体制の確立 ……………………………… 52

学校保健の評価方法の決定 …………………………………………… 54

健康診断の準備と実施 ………………………………………………… 56

学校保健に関する職員研修 …………………………………………… 58

家庭や地域と連携する学校保健活動の計画・調整 ………………… 60

[実践期：5月～1月]

行事の計画・実施や長期休業中指導を中心とした学校保健の推進 …… 62

保健管理の推進 ………………………………………………………… 64

学校保健委員会の活性化 ……………………………………………… 66

生徒主体の保健委員会を実施する …………………………………… 68

定期的な学校保健の評価の実施と課題の焦点化 …………………… 70

[まとめ期：1月～2月]

学校保健の年度末評価の実施 ………………………………………… 72

学校保健計画の振り返りと見直し …………………………………… 74

[次年度方針期：3月]

1年間の全学年の実践の成果と課題は何か ………………………… 76

1年間の学校全体の成果をどのように価値付けるか ……………… 78

1年間の学校全体の課題をどのように改善するか ………………… 80

どのようなプロセスを経て次年度の方向性を決定するか ………… 82

次年度は新規のテーマにするか、継続するか ……………………… 84

学校保健計画（年間計画）例：小学校 ···················· 86

学校保健計画（年間計画）例：中学校 ···················· 90

学校保健計画（年間計画）例：高等学校 ·················· 94

第 3 章　具体的な取組例

学校保健委員会 ······································· 98

学校保健委員会の取組（事例：小学校）··················· 100

学校保健委員会の取組「ピアサポート活動」（事例：中学校）····· 104

学校保健委員会の取組（事例：高等学校）················· 108

教育活動全体で取り組む保健教育 ······················ 112

体のせいけつとけんこう（体育　小学校：第 3 学年）·········· 114

がんについて正しく知ろう（保健体育　中学校：第 3 学年）······ 116

医薬品の制度とその活用（保健体育　高等学校：第 2 学年）······ 118

安全できれいな水をつくるために（社会　小学校：第 4 学年）····· 120

政府の役割と国民の福祉（社会・公民的分野　中学校：第 3 学年）··· 122

マイクロディベートを例に（公民　高等学校）··············· 124

ヒトのたんじょう（理科　小学校：第 5 学年）··············· 126

生物の体のつくりと働き（理科　中学校：第 2 学年）·········· 128

自分でできるよ（生活　小学校：第 1 学年）··············· 130

食べて元気に（家庭　小学校：第 5 学年）················· 132

食生活（技術家庭　中学校：第 2 学年）·················· 134

おたんじょうびカード（道徳　小学校：第 1 学年）············ 136

情報モラル意識の高揚（道徳　中学校：第1学年）……………138

おへそのひみつ（特別活動　小学校：第2学年）……………140

薬物乱用防止教室で学ぼう（特別活動・学校行事　中学校）…………142

これからのキャリアデザインを考える（特別活動　高等学校：第3学年）144

夢に向かって（総合的な学習の時間　小学校：第6学年）……………146

自然災害から自他の命を守ろう（総合的な学習の時間　中学校：第2学年）148

おわりに……………………………………………………………150

編著者・執筆者一覧………………………………………………151

第 **1** 章

保健主事として
まずは知っておきたいこと

学校保健とは

① 学校保健には、保健教育と保健管理の役割がある。

② 保健教育は生涯を通じて健康づくりをするために重要なものである。

③ 保健管理は学校で活動するすべての人にとって必要なものである。

1 学校保健の役割とは

　学校保健は、学校における保健教育と保健管理からなります（文部科学省設置法第4条第12号）。学校の設置者や学校は保健管理を適切に行うことによって児童生徒のみならず教職員の健康を保持増進するとともに、保健教育をしっかりと行うことによって心身ともに健康な国民の育成を図るという教育目的の達成に寄与することを目指しています。学校保健の構造については〈学校保健の領域・内容〉を参照してください。

2 保健教育の重要性

　学校における保健教育は、児童生徒が「健康に関する知識及び技能」や「健康課題を解決するための思考力、判断力、表現力等」「健康に関する事柄についての学びに向かう力、人間性等」の三つの資質・能力を身に付けることを目的としています。特に、注目すべきは保健教育が現在の児童生徒の生活に限定されるのではなく、教育することによって生涯を通じて健康の保持増進ができることを目指している点です。

　保健教育に関わる内容は、多くの教科等に含まれています。決して体

育・保健体育の保健の時間だけで行うものではありません。学習指導要領に基づき、教科等横断的に学校教育全体で行われるものなのです。

3 保健管理の必要性

　保健管理については、学校保健安全法の第1条に「この法律は、学校における児童生徒及び職員の健康の保持増進を図るため、学校における保健管理に関して必要な事項を定める」とされており、この法律には、学校の管理運営等、健康相談、保健指導、健康診断、感染症の予防などが規定されています。それらに基づいて、学校における教育活動の円滑な実施と成果の確保に資することを目指して行われます。

〈学校保健の領域・内容〉　　平成29年度学校保健全国連絡協議会（平成30年2月2日）資料から

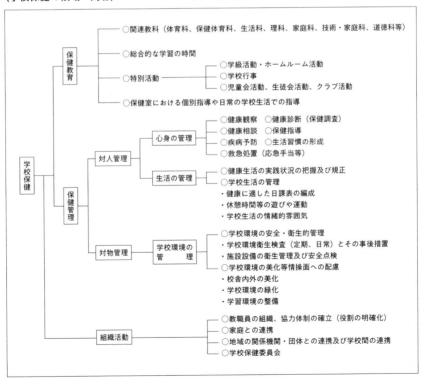

保健主事の心構え

❶ 保健主事は学校保健のキーパーソンである。

❷ 保健主事は学校保健を多角的な視野で見ることが必要である。

❸ 保健主事は学校保健のリーダーという自覚をもつことが大切である。

1 学校保健のキーパーソン

　実際には、学校保健に直接関わる教職員はそれほど多くはありません。学校保健に関わる教職員が増えれば、当然学校保健活動は充実します。すなわち、学校保健は組織で取り組むことが重要であり、そのことからも、保健主事は、学校保健の推進において鍵を握る人物（キーパーソン）と期待されているのです。学校においては、保健主事を形式的に配置するのではなく、保健主事がその役割を十分に果たせるようにし、学校保健が活発に機能するようにしなくてはなりません。

2 多角的な視野での学校保健活動の推進

　保健主事の職務については、学校教育法施行規則（昭和22年文部省令第11号）第45条第4項において「保健主事は、校長の監督を受け、小学校における保健に関する事項の管理に当たる」（中学校、高等学校、中等教育学校、特別支援学校等にもそれぞれ準用）と規定されています。「保健」は学校保健を意味していますので、保健管理だけでなく保健教育も範疇に入ります。すなわち、保健主事は保健教育も含めた学校保健活動全体の管

理を担うことになります。

　学校保健活動全体の管理に当たるためには、マネジメント的な視点が重要になります。活動を一面的に捉えるのではなく、多角的な視野で活動を捉え、学校保健活動の全体をリードすることで、より効果的にマネジメントすることができます。

　多角的な視野で活動を捉えるポイントは、次の4点になります。

①学校保健安全法や学習指導要領、その他各種の答申などに対して、実際の学校保健活動を整合させる。
②保健主事が中心になって保健部以外の他の校内組織との間で調整する。
③人材や経費など、学校保健活動に必要な基礎的な資源を調達し、有効活用する。
④児童生徒の実態やニーズを理解し、具体的な行事や取組にそれらを生かす。

3 リーダーシップの発揮

　保健主事は、学校保健を推進するリーダーであるという自覚が必要です。学校保健計画作成の中心となり、計画に基づいて学校保健活動を推進することで、学校保健の目標を達成させるためのリーダーシップを発揮することが求められます。

　また、学校保健に関わる組織の中核となりますので、教職員の特性や個別の事情を配慮して組織内の役割分担をしたり、人間関係を良好にする言葉かけをしたりするなど、学校保健活動が組織としてまとまって円滑に展開されるような働きかけが求められます。

　保健主事の心構えとして、これらに留意してリーダーシップを発揮することが大切です。

現代の子供たちの健康課題

❶ 子供たちの健康課題は、絶え間なく多岐にわたって存在している。

❷ 健康課題への対処には、早期発見とともに背景を探る必要がある。

1 現代的な健康課題

「目の前の子供たちを取り巻く健康課題とは？」と問われたとき、具体的にはどんな健康課題が思い浮かぶでしょうか。

平成28年12月に中央教育審議会が、現行の学習指導要領の理念の実現のために必要な方針等を示した「幼稚園、小学校、中学校、高等学校及び特別支援学校の学習指導要領等の改善及び必要な方策等について（答申）」では、以下のように示されています。

子供の健康に関しては、性や薬物等に関する情報の入手が容易になるなど、子供たちを取り巻く環境が大きく変化している。また、食を取り巻く社会環境の変化により、栄養摂取の偏りや朝食欠食といった食習慣の乱れ等に起因する肥満や生活習慣病、食物アレルギー等の健康課題が見られる。

このように、現代の子供たちを取り巻く健康課題は、肥満・痩身、生活習慣の乱れ、メンタルヘルスの問題、アレルギー疾患の増加、性に関する問題等のほか、スマートフォンやタブレット端末の普及に伴う視力低下や性などに関する情報との向き合い方、オーバードーズの問題など、絶え間なく多岐にわたって存在しています。

この中から、いくつか詳しく見ていきましょう。

1 生活習慣の乱れについて

スポーツ庁が毎年実施している「全国体力・運動能力、運動習慣等調査」の質問調査では、「朝食は毎日食べますか」という項目があります。

図1は、令和5年度調査の結果です。

図1　朝食の状況（出典：「令和5年度全国体力・運動能力、運動習慣等調査報告書（スポーツ庁）」）

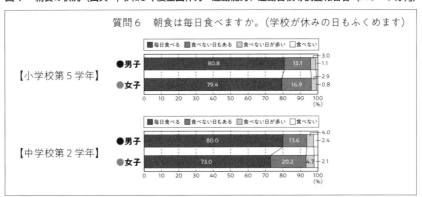

この調査結果から、35人学級の場合で考えてみると、朝食を食べない日が多い子供が1人はおり、朝食を食べない日もある子供は5〜7人程度いることになります。

また、朝食の状況と1週間の総運動時間（体育、保健体育の授業時間を除く）とのクロス集計の結果は、朝食を毎日食べている子供ほど、運動時間が長いことが明らかになっています。

毎日を健康に過ごすには、運動、食事、休養及び睡眠の調和のとれた生活を続けることが必要です。どれか一つでも崩れると、連動して生活習慣全体の乱れにつながってしまっていることが推察されます。

2 メンタルヘルスの問題について

厚生労働省による「令和6年度版厚生労働白書」には、精神疾患を有する外来患者数の推移に関する資料（図2）が示されています。

図2 精神疾患を有する外来患者数の推移（年齢階級別内訳）（出典：「令和6年度版厚生労働白書 － こころの健康と向き合い、健やかに暮らすことのできる社会に －（厚生労働省）」）

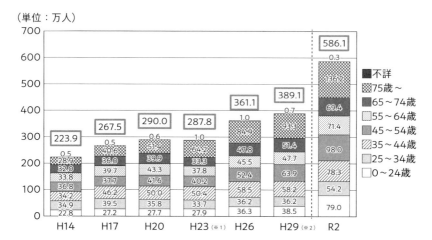

　調査方法の変更等があるため一概には比較できないものの、精神疾患を有する外来患者数は右肩上がりで増えているとともに、令和2年では、24歳以下でも約79万人の外来患者がいます。

　また、一般的に心の病気を発病してから治療開始までの期間（DUP）は、決して短くないと言われています。潜在的にメンタルヘルスの問題を抱えている子供たちが、少なからずいることがうかがえます。

3 オーバードーズについて

　一般用医薬品の乱用（オーバードーズ）に関する報道等に触れる機会が増えています。図3は、全国の精神科医療施設における薬物依存症の治療を受けた10代患者の「主たる薬物」の推移を示した資料です。

図3　全国の精神科医療施設における薬物依存症の治療を受けた10代患者の「主たる薬物」の推移（出典：「令和6年度版厚生労働白書 － こころの健康と向き合い、健やかに暮らすことのできる社会に －（厚生労働省）」）

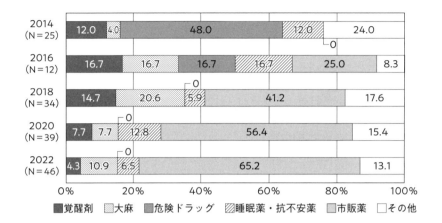

他の調査等からも、若者の間で市販薬のオーバードーズが急速に広まっていることがうかがえます。

2　子供たちの健康課題の背景

こうした子供たちの健康課題には、発達障害、いじめや不登校、虐待、貧困などの問題が関わっていることがあります。また、家庭環境等が影響して、安心して一緒に過ごせる家族や友人等が身近におらず、孤独感を味わっていたり、自分の居場所がないと感じていたりすることも考えられます。

多様化・複雑化している子供たちの健康課題に対処していくためには、一人一人の子供が抱えている健康課題を早期発見することはもとより、その背景も探ることが必要です。そして、教育活動全般を通して、子供たち自身が、生涯にわたって健康な生活を送るために必要な資質・能力を身に付けられるようにしていくことが不可欠なのです。

新学習指導要領で求められていること

❶ 込められた願いは「生きる力　学びの、その先へ」。

❷ 心身の健康の保持増進等に関する指導については、体育科、保健体育科等において適切に行う。

1　「生きる力　学びの、その先へ」

　現行の学習指導要領が告示された際に、文部科学省が作成したリーフレットには、「学校で学んだことが、子供たちの『生きる力』となって、明日に、そしてその先の人生につながってほしい。これからの社会が、どんなに変化して予測困難になっても、自ら課題を見付け、自ら学び、判断して行動し、それぞれに思い描く幸せを実現してほしい。そして、明るい未来を、共に創っていきたい。2020年度から始まる新しい『学習指導要領』には、そうした願いが込められています」と記されています。

　こうした願いなどに基づき、現行の学習指導要領では「生きる力」の育成を掲げ、確かな学力、豊かな心、健やかな体を育むことを目指しています。

2　体育・健康に関する指導

　教育基本法第2条第1号では、教育の目的として「健やかな身体を養う」ことを規定しています。このことに関して、小学校学習指導要領

（平成29年告示）第１章総則では、体育・健康に関する指導について、以下のとおり示しています。

（略）学校における食育の推進並びに体力の向上に関する指導、安全に関する指導及び心身の健康の保持増進に関する指導については、体育科、家庭科及び特別活動の時間はもとより、各教科、道徳科、外国語活動及び総合的な学習の時間などにおいてもそれぞれの特質に応じて適切に行うよう努めること。また、それらの指導を通して、家庭や地域社会との連携を図りながら、日常生活において適切な体育・健康に関する活動の実践を促し、生涯を通じて健康・安全で活力ある生活を送るための基礎が培われるよう配慮すること。

（下線は筆者）

　中学校、高等学校にも、同様の趣旨の記載があります。心身の健康の保持増進等に関する指導については、体育科、保健体育科はもとより、各教科等において適切に行うことが明記されています。

3 体育科、保健体育科改訂の趣旨・要点

◾1 体育科、保健体育科の目標

　従前の平成20年、21年に改訂された学習指導要領における体育科、保健体育科の保健に関する成果と課題について、中央教育審議会答申では、次のようにまとめられています。

【成果】：子供たちの健康の大切さへの認識や健康・安全に関する基礎的な内容が身に付いている。
【課題】：健康課題を発見し、主体的に課題解決に取り組む学習が不十分であり、社会の変化に伴う新たな健康課題に対応した教育が必要との指摘がある。

これらを踏まえて、体育科、保健体育科の現行の学習指導要領の改訂が行われました。小学校体育科の目標は、以下のとおりです。

　体育や保健の見方・考え方を働かせ、課題を見付け、その解決に向けた学習過程を通して、心と体を一体として捉え、生涯にわたって心身の健康を保持増進し豊かなスポーツライフを実現するための資質・能力を次のとおり育成することを目指す。

(1)　その特性に応じた各種の運動の行い方及び身近な生活における健康・安全について理解するとともに、基本的な動きや技能を身に付けるようにする。

(2)　運動や健康についての自己の課題を見付け、その解決に向けて思考し判断するとともに、他者に伝える力を養う。

(3)　運動に親しむとともに健康の保持増進と体力の向上を目指し、楽しく明るい生活を営む態度を養う。

　　　　　　　　　　　　　　※中学校、高等学校も同様の趣旨の記載

---

❷ 保健の見方・考え方

個人及び社会生活における課題や情報を、健康や安全に関する原則や概念に着目して捉え、疾病等のリスクの軽減や生活の質の向上、健康を支える環境づくりと関連付けること。　　　※小、中、高共通

　上記は、保健の見方・考え方です。改訂の要点の一つとして、『中学校学習指導要領（平成29年告示）解説　保健体育編』では、目標の改善について「『保健の見方・考え方を働かせ』ることを通して、（中略）生涯にわたって心身の健康を保持増進（中略）するための資質・能力を育むことが大切であることを強調したものである」と示されています。

　例えば、中学校第3学年「感染症の予防」における主要な概念は、「感染症は病原体が環境を通じて主体へ感染することで起こる疾病であり、適切な対策を講ずることにより感染のリスクを軽減することができるこ

と」であると言えます。

　また原則は、「感染症を予防するには発生源をなくすこと、感染経路を遮断すること、身体の抵抗力を高めることや、感染症にかかった場合は、できるだけ早く適切な治療を受けることが重要であること」などです。

　いずれも、読んだり聞いたりすればすぐに分かった気持ちになりますが、それだけでは概念としての理解とは言えません。資質・能力の三つの柱の育成に向けては、「課題を発見し、合理的な解決に向けた学習過程を通して」相互に関連させて高めることが重要です。

　例えば、感染症に罹患するリスクの軽減させるために、上記の感染症の疾病概念や予防の原則に関する知識、あるいは健康情報などを活用しながら、多様な予防方法を考えるなどの学習過程が考えられます。

　このような学習過程を経て、子供自身が学習内容について腑に落ちることにより、初めて概念的な知識や思考力、判断力、表現力等の資質・能力が身に付くことでしょう。

　「保健の学習は、どうしても知識の指導に偏りがちになってしまう」といった先生方の声を聞くことがあります。教科書の内容を万遍なく取り扱おうとすると、そのような事態に陥るかもしれません。改めて、学習指導要領や解説を手に取って、授業で重点的に取り扱う内容や単元のどこに「健康課題を発見し、主体的に課題解決に取り組む学習」を位置付けるかを決めるなど、授業づくりに活かしていただきたいと思います。

　健康課題は絶え間なく多岐にわたって存在しています。だからこそ、誰一人取り残さずに「社会の変化に伴う新たな健康課題に対応」できる資質・能力の育成につながる指導が重要となります。

保健主事に求められる
マネジメント

❶ 学校保健活動の特質に合った保健主事のマネジメントが必要である。

❷ 保健主事は学校保健活動のPDCAを理解することが大切である。

❸ 保健主事のマネジメントには、学校組織の理解とそれに応じたリーダーシップの発揮が必要である。

1 学校保健活動のマネジメント

　保健主事になると、まずは自校における学校保健活動をどのように動かしていくのかを考えることになります。そのためには、現代的な健康課題や学校の健康課題を重点化し目標を明確化するとともに、教職員の学校保健活動への共通理解を得ることが必要となります。そして、健康課題の解決に向けての方策を立てることが求められます。その際、学校保健活動が効率よく展開されるように環境を整える保健主事のマネジメントが必要なのです。

　保健主事がマネジメントをするには、学校保健を理解するとともに、学校保健活動を推進するための連絡・調整する能力を身に付け、それを発揮していくことが求められます。

2 学校保健活動におけるPDCA

　学校保健活動を推進するためには、目標とその達成のための基本方針を設定し、人、設備・用具、経費、情報などの資源を活用した計画的で

効率的な活動を展開することが必要となります。また、学校という内部組織だけではなく、家庭や地域などの外部環境との効果的な連携が重要となります。保健主事には、今日の学校保健活動においての全体構造を踏まえたマネジメントが求められているのです。

　一方、学校保健活動は、計画的、継続的に行われますが、短期的な活動だけでなく、中・長期的な展望のもとで3年程度で計画的に実施される活動も少なくありません。保健主事は、もっとも基本的なマネジメントの過程を示すPDCAのマネジメントサイクルを活用し、計画段階（P）、実施段階（D）、実施後の評価段階（C）、改善段階（A）の各段階において効果的に連絡・調整することが大切です。特に、計画段階（P）では目標や方針を教職員全員に共通理解を図ること、実施段階（D）では教職員の取組に対する支援や意欲の向上に配慮すること、実施後の評価段階（C）では児童生徒の変化を明らかにすること、改善段階（A）では改善事項の共通理解を図ることなどに留意します。学校保健活動の過程の意味を十分に理解し、的確な判断・行動を心がけることが肝要です。

3　保健主事とマネジメント

　保健主事は、学校保健活動全体を視野に入れて効果的に働きかけることが重要になります。この中心となるものは、学校保健活動に必要な組織における連絡・調整及び学校保健計画づくりとそれに基づく運営に関わるものです。特に保健主事の実務に直接関わりのある「組織における連絡・調整」及び「リーダーシップの発揮」などのマネジメントの理解を深め、それらを十分に活用して学校保健活動を活性化していきたいものです。保健主事は、学校保健に関して、校長と教職員をつなぐ役割を担いますので、保健主事ならではのリーダーシップを発揮することが求められます。

　「組織の連絡・調整」並びに「リーダーシップの発揮については、次の「学校保健における教職員の協力体制づくり」で詳しく述べます。

第1章　保健主事としてまずは知っておきたいこと　　21

学校保健における
教職員の協力体制づくり

❶ 保健主事は学校保健を推進する校内体制づくりをする必要がある。

❷ 保健主事には校長及び教職員と連絡・調整する役割がある。

❸ 連絡・調整には保健主事のリーダーシップが求められる。

1 学校保健を推進する校内体制づくり

　学校保健活動を推進し、児童生徒の現代的な健康課題を解決するためには、学校内における学校保健の組織体制づくりを進めていくことが求められます。学校全体の組織体制づくりは校長のリーダーシップのもとで行われるので、学校保健独自で体制づくりをするわけではありません。はじめに、学校全体の体制を踏まえて、校務分掌に示された学校保健に関係がある教職員の協力体制を確立することから進めてみましょう。学校保健に関係がある教職員は、学校運営組織の保健部、保健安全部、健康教育部といった「部」に位置付いていますが、それ以外の学校保健に関連する職員を巻き込んで体制づくりをすることが望ましいです。例えば、生徒指導部、特別活動部、教育相談部などの関連する組織と綿密に連携を図り、それぞれの役割を明確化することにより、組織的な活動として機能を発揮することが期待できます。

2 保健主事と組織

　学校保健活動は、組織としての対応が不可欠であり、学校教育全体の

組織構成や各分掌を十分に踏まえて、連絡・調整を図ることが必要となります。保健主事は、学校保健活動の調整に当たる教員として、すべての教職員が学校保健活動に関心をもち、それぞれの役割を円滑に遂行できるように働きかけることになります。

特に、児童生徒一人一人に働きかける学級担任やHR担任に対して、学級経営案に保健教育の重点、保健管理の整備などに関する事柄が位置付くように働きかけるなど、協力体制を確立することが大切です。また、学校医、学校歯科医、学校薬剤師等と担任が情報を共有する機会、例えば健康診断や学校環境衛生検査等の打ち合わせを設けることで、校内における教職員の協力体制をよりよくすることができます。

さらに、養護教諭と役割分担を行い、担任と養護教諭が連携して学校保健活動に取り組むことができるように調整を行います。養護教諭は学校保健を推進するための、いわば同志でありライバルではありません。そのことを踏まえて連携を進めるとよいでしょう。

そして、校長と教職員との連絡・調整をすることも重要な役割です。校長の方針を教職員に伝えるとともに、教職員の意見や思いを校長に伝えるなど、双方向のやり取りの中心となって活動することが肝要です。

3 保健主事とリーダーシップ

学校保健活動に関わる人々への働きかけとして、保健主事が発揮するリーダーシップが重要になります。ここでのリーダーシップは、目標達成を目指して対象集団や組織の機能に働きかけて、その機能を高めることを意味しています。すなわち、学校保健活動の「目標達成」に向けて、職務遂行を重視する働きかけと、学校保健活動が組織的に円滑に展開されるように人間関係を重視する「集団維持」への働きかけを保健主事が行うことが大切です。ここでの「目標達成」と「集団維持」の働きかけは、保健主事に最も求められるリーダーシップであり、これによって、学校保健活動とそれを支える組織の活性化がもたらされるでしょう。

学校保健と学校全体の
活動を調整する

❶ 学校保健と学校全体の活動には「調整」が必要である。

❷ 学校保健活動と学校全体の活動の調整は、計画的に実施することが何よりも大切である。

❸ 学校保健と学校全体の活動の調整には家庭と地域の連携が欠かせない。

1 学校保健と学校全体の活動との調整

　学校保健は、学校教育の一部です。学校保健の目標も、学校教育目標達成に寄与するものでなければなりません。学校保健は保健教育と保健管理からなりますが、保健教育においては、教育課程全体の中での役割を明確化し計画的に実施するための調整が必要になりますし、保健管理においても、学校全体の管理体制の中で児童生徒の健康の保持増進を適切に実施するための調整が求められます。これらの調整を行うことが、保健主事の役割です。

　学校保健活動を円滑に実施し、それが児童生徒等の健康に資するためには、教職員が役割分担して活動を組織的・計画的に推進するとともに、家庭や地域社会との連携を図った組織活動を充実することが大切です。

2 学校保健活動の計画的な実施

　保健主事は、年間の行事計画等との調整を図りながら、学校保健計画に基づいて個々の学校保健活動を進めることになります。それぞれの活

動を計画的に進めるためには、組織的に健康情報を把握し、得られた情報を基に関連する各組織との連絡・調整を図り、個々の学校保健活動の実施計画を立案します。

学校保健活動の実施計画を作成するに当たっては、以下のことに留意する必要があります。

①実施計画が具体的な課題解決につながるか。
②達成可能な目標となっているか。
③到達すべき状態や評価基準が明確になっているか。
④計画作成になるべく多くの教職員が関わっており、内容が共通理解されているか。

3 家庭・地域社会との連携

児童生徒が生涯を通じた健康づくりを推進していくためには、家庭との連携を図ることが重要です。そのためには、学校でなすべきことを明確化し、その内容を家庭に伝え、理解を求めることによって、家庭との適切な役割分担に基づく学校保健活動を行っていくことが大切です。例えば、学校保健委員会、保護者会、授業参観、家庭訪問、地域懇談会などの機会に学校保健に関する方針を説明したり、「学校だより」「保健だより」「学年・学級通信」等を活用して児童生徒の健康な生活習慣の実践に努めるように働きかけたりすることが考えられます。

一方で、児童生徒の現代的な健康課題は多様化、複雑化してきています。これらに適切に対応するためには、学校や家庭を中心に、学校の設置者である地方公共団体等や地域の関係機関を含めた地域レベルの連携が必要です。課題解決のヒントを地域の専門家等から得られるように、日頃から地域の関係機関・団体に働きかけて交流・連携を密にしておき、適切な協力を得られるようにしておきましょう。

第1章　保健主事としてまずは知っておきたいこと　25

学校組織全体で取り組む保健教育

❶ 保健教育によって育まれる資質・能力の明確化を図る。

❷ 現代的な健康課題及び児童生徒の発達の段階等を考慮する。

❸ 学校の組織全体で保健教育を推進できる体制づくりを構築する～教科等横断的な視点からの教育課程、カリキュラム・マネジメント～。

　学習指導要領では、児童生徒に知・徳・体のバランスの取れた「生きる力」を育むことを目指し、発達の段階や特性等を踏まえ、育成を目指す資質・能力を示しています。また、各学校が教育活動の質の向上を図るためのカリキュラム・マネジメントの視点も示しています。保健教育の充実に向けては、児童生徒の資質・能力の育成が確実に図られるよう、各学校が学校保健計画に基づき、児童生徒の実態に即した組織的かつ計画的な取組を推進していくことが大切です。

1 保健教育によって育まれる資質・能力

■1 学習指導要領で示されている育成を目指す資質・能力

　学習指導要領では、資質・能力の三つの柱が示されています。これは、各教科等で育まれるもの、教科等を超えてすべての学習の基盤として育まれ活用されるもの、現代的な諸課題に対応して求められるものなどがあり、保健教育に関連する「健康・安全・食に関する資質・能力」も示されています。

2 「健康・安全・食に関する資質・能力」

　「健康・安全・食に関する資質・能力」については、中教審答申（平成28年12月）で以下のように示されており、学校における保健教育で児童生徒が身に付けていく資質・能力と概ね一致しています。

> （知識・技能）
> 　様々な健康課題、自然災害や事件・事故等の危険性、健康・安全で安心な社会づくりの意義を理解し、健康で安全な生活や健全な食生活を実現するために必要な知識や技能を身に付けていること。
> （思考力・判断力・表現力等）
> 　自らの健康や食、安全の状況を適切に評価するとともに、必要な情報を収集し、健康で安全な生活や健全な食生活を実現するために何が必要かを考え、適切に意思決定し、行動するために必要な力を身に付けていること。
> （学びに向かう力・人間性等）
> 　健康や食、安全に関する様々な課題に関心を持ち、主体的に、自他の健康で安全な生活や健全な食生活を実現しようとしたり、健康・安全で安心な社会づくりに貢献しようとしたりする態度を身に付けていること。

　これからの社会を生きる児童生徒に健やかな心身の育成を図ることは極めて重要です。保健教育によって、児童生徒が資質・能力を育み、適切に行動できるように指導を充実していくことが大切なポイントになります。そのためにも、保健教育によって育まれる資質・能力を明確にし、学校全体で共有できるようにしていきましょう。

2 保健教育の充実に向けた実態等の把握

1 現代的な健康課題の把握

　現代的な健康課題は、肥満・痩身、生活習慣の乱れ、メンタルヘルスの問題、アレルギー疾患の増加、性に関する問題のほか、近年は、グローバル化や情報化が急速に発展し社会が大きく変化する中で、新たな課題も生じています。また、心身の不調の背景には、いじめ、虐待、不登校、貧困などの問題が関わっていることもあります。保健教育の充実に向けては、多様化・複雑化している背景を的確に把握する必要があります。

第1章　保健主事としてまずは知っておきたいこと　　27

2 児童生徒の心身の発育・発達等の理解

児童生徒の健康課題やそれらに対する対処能力などは、発達の段階によって異なります。心身における様々な健康課題を扱う保健教育をより効果的に進めていくことができるように、児童生徒の発達の段階を踏まえるとともに、実態に応じた指導を展開する必要があります。

3 学校の状況の把握

感染症の流行、配慮を必要とする児童生徒の実態など、地域や学校によって状況は様々です。保健管理で得た情報をもとに、学校の実態に応じた保健教育を実施する視点が必要になります。

3 学校組織全体で保健教育を推進できる体制づくり

1 学校教育全体で行う保健教育

保健教育に関することについて、小学校学習指導要領（平成29年3月告示）の中で、健やかな体（第1章第1の2の（3））として次のように示されています（中学校、高等学校においても同様の趣旨の内容が明記）。

> 学校における体育・健康に関する指導を、児童の発達の段階を考慮して、学校の教育活動全体を通じて適切に行うことにより、健康で安全な生活と豊かなスポーツライフの実現を目指した教育の充実に努めること。特に、学校における食育の推進並びに体力の向上に関する指導、安全に関する指導及び心身の健康の保持増進に関する指導については、体育科、家庭科及び特別活動の時間はもとより、各教科、道徳科、外国語活動及び総合的な学習の時間などにおいてもそれぞれの特質に応じて適切に行うよう努めること。また、それらの指導を通して、家庭や地域社会との連携を図りながら、日常生活において適切な体育・健康に関する活動の実践を促し、生涯を通じて健康・安全で活力ある生活を送るための基礎が培われるよう配慮すること。

このことから、体育・健康に関する指導の一つである保健教育は、当面している健康課題等を児童生徒が適切に判断し、解決できるよう学校教育活動全体を通じて指導する必要があります。

2 教科等横断的な視点からの教育課程の編成

　保健教育は、特定の教科の時間で行うのではなく、体育科・保健体育科を中心に、家庭科や特別活動のほか、関連の教科や道徳科及び総合的な学習の時間（探究）などを含めた学校の教育活動全体を通じて行うことによって、一層の充実を図ることができます。

　教科等横断的な保健教育を進める上では、各教科等の内容をつなぐ際に育成を目指す資質・能力を明確化し、担当者間で共有できるようにしておくことが大切です。また、主に集団の場面で必要な指導や援助を行うガイダンスと一人一人が抱える課題に個別に対応した指導を行うカウンセリングの双方の視点をもち、学校の教育活動全体で共通理解を図ることや家庭の理解を得るなどの配慮を行うことも大切な視点となります。

　持続可能な取組としていくためにも、実際に指導する教職員等にその重要性や進め方を共通理解できるようにすることをはじめ、専門家等を含む関係機関との連携、教材や教具、環境要因、必要な予算などを考慮して、各学校における教育課程を編成していく必要があります。

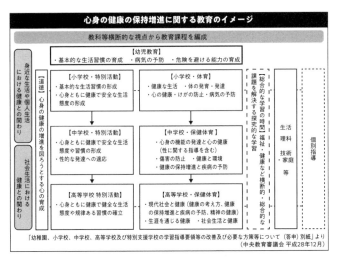

※小・中学校学習指導要領解説総則編の付録において、「心身の健康の保持増進に関する教育（現代的な諸課題に関する教科等横断的な教育内容）」が示されています。

教育活動の推進に不可欠な保健管理

❶ 保健管理を円滑かつ計画的に実施できるように校内体制を整備する。

❷ 保健管理の内容や教職員の役割分担等を学校保健計画に明確に示す。

❸ 保健管理においては、絶えず変化する健康課題への対応を踏まえ、家庭、地域、関係機関等との連携を密にする。

　保健主事は、学校保健安全法に示された保健管理の内容を踏まえ、組織的かつ適切に児童生徒等の健康状態や環境衛生の実態を把握し、健康の回復や保持増進のための具体策を推進していく役割が求められます。

　保健管理は大きく、対人管理と対物管理に分けられています。

1 　対人管理

◼ 健康相談等

　多様化、深刻化している児童生徒等の心身の健康課題に学校が適切に対応することができるように、健康相談や保健指導を充実していくことが必要です。組織的に対応する観点からも、養護教諭、学校医・学校歯科医・学校薬剤師、担任等、関係教職員による積極的な参画が求められます。また、児童生徒等の個々の状況を適切に把握していくためにも、保護者等との連携を密にし、学校生活管理指導表等の情報を得て、円滑な対応につなげていくことも大切です。医療的ケア看護師を配置する場合は、医療機関等との連携を図り、校内体制の整備を図ります。

30　　教育活動の推進に不可欠な保健管理

■健康相談

　健康相談の目的は、児童生徒等の心身の健康に関する課題について、関係者が連携し、課題の解決を図ることを通して、児童生徒等がよりよい学校生活を送れるように支援していくことです。健康相談は、養護教諭、学校医・学校歯科医・学校薬剤師、担任等の関係者が連携しながら実施します。計画的な実施に向けては、学校保健計画に健康相談を位置付け、全教職員が共通認識できるようにしていくとともに、児童生徒等が、心身の健康課題を自分自身で解決し、健康に関わる資質・能力を身に付けられるように支援していくことも大切なポイントになります。

■保健指導

　現在、児童生徒等の心身の健康課題の多様化・複雑化に伴い、個別の保健指導の重要性が増しています。個別の保健指導の目的は、個々の児童生徒等の心身の健康課題に向けて、自分の健康課題に気付き、理解と関心を深め、自ら積極的に解決していこうとする自主的・実践的な態度の育成を図るためです。健康相談や健康観察によって児童生徒等の健康状態を把握し、健康上の課題があると認められる際は、児童生徒等に対する指導や保護者に対する助言を保健指導として位置付けていくことが必要です。指導の際は、養護教諭が中心となり、全教職員の協力のもとで実施できるようにしていくことが大切なポイントになります。

■健康観察

　近年、心身の不調の背景には、いじめ、虐待、不登校、貧困等の問題が関わっていることもあります。学校における健康状態の日常的な観察は、児童生徒等の心身の状況を把握し、様々な健康課題を早期に発見して適切な対応を図り、教育活動を円滑に進めていくために重要な活動です。担任や養護教諭が中心となり、教職員が連携して実施できるように、年度当初に全教職員が共通認識をもてる機会や研修会を設定し、意義や内容を周知徹底することが大切なポイントになります。

2 健康診断

　健康診断には、就学時の健康診断、児童生徒等の健康診断、職員の健康診断があり、医学的見地から個人及び集団の健康状態を把握し、評価を行うとともに、発育・発達や疾病異常に関する現状や課題を明確にし、その解決に役立てるなど重要な意義があります。児童生徒等の健康診断を行う場合には、一定の時期に集中的、総合的に行うようにし、学校をあげて組織的に運営することによって、その教育的効果を高めていきます。近年は、社会の変化に伴い、肥満・痩身、生活習慣の乱れ、メンタルヘルス、アレルギー疾患の増加等、多様な課題が生じており、歯及び口腔の疾病異常や視力低下の児童生徒等の増加も見られます。そのため、望ましい生活習慣の育成や健康診断の結果に基づいた正しい情報と知識の共通理解を図るなど、家庭、地域、関係機関等と連携しながら対応していくことも大切なポイントになります。

3 感染症の予防

　集団生活の場である学校は、感染症等の媒介の場となりやすく、いったん発生したときは感染が早く、蔓延しやすいため特に注意が必要です。そのため、児童生徒等の疾病異常の早期発見、出席停止や臨時休業等の保健管理の活動と未然防止等の保健教育の活動を組織的に推進していきます。事案発生の際は、速やかに実態を把握するとともに、校長のリーダーシップのもと、全教職員の共通理解を図り、組織的に対応していくことが必要です。また、状況に応じて臨時の委員会を開催するなど、予防措置の企画や関係機関への連絡・調整に当たることも必要です。感染症の予防に向けては、手洗い等、必要な実践について取り扱うとともに、疾病や出席停止の措置等によって、差別や偏見が生じることのないように日頃から正しい知識や態度を身に付けられるようにしていくなど、保健教育の充実の視点をもつことも大切なポイントになります。

4 救急処置

　救急処置は、学校における保健管理活動の中で重要な内容です。事案発生の際は、全教職員が共通認識のもと、負傷者の生命と安全を最優先に考え、迅速かつ適切に対応することが求められます。そのためには、危機管理マニュアルを作成・更新するとともに、年度当初に教職員が共有できる機会を設け、救急処置における校内体制を整備しておくことが必要です。いざというときに確実に対応することができるように、校内研修を実施するなど準備をしておくことも大切なポイントになります。

【研修内容の例】以下の研修内容等が考えられます。

・救急車の要請（救急である旨、症状、学校の所在地、誘導場所の確認等）

・心肺蘇生法やAED（場所、持ち運びの経路）

・エピペン®（食物アレルギー症状への対応）　・バクスミー®（重症低血糖の対応）

---

2 対物管理

■ 学校環境衛生

　学校環境の衛生管理については、学校保健安全法の中で望ましい基準である学校環境衛生基準が示されています。学校環境衛生活動は、この基準に照らし行われる環境衛生検査と日常における環境衛生があります。

【環境衛生検査】

定期の環境衛生検査…毎年度時期を定めて学校環境の実態を把握し、必要があれば事後措置を講じる検査

臨時の環境検査　　　…必要があるときに行われる検査

【日常における環境衛生】：環境衛生の維持又は改善を図るために行う日常的な点検

　学校環境衛生活動は、学習環境を整備し、児童生徒等の心身の健康の保持増進を図るなど、学校経営において重要な役割を担っています。この学校環境衛生活動を円滑かつ計画的に実施できるように、校長のリーダーシップのもと、教職員がその必要性を共通認識できるようにしていくことが必要です。

第1章　保健主事としてまずは知っておきたいこと

学校段階による学校保健と
保健主事の特徴①：小学校

❶ 小学校の学校保健に関わる活動は、全教職員が役割を分担し、組織的に推進する。

❷ 学校の状況によって、保健主事を担当する教員が変わる。

❸ 学校内外の課題を保健主事が正確に把握する。

1　小学校の特徴と小学校の学校保健の特徴

　学校保健の領域は保健教育と保健管理の二大領域で構成されています。保健教育と保健管理の活動を適切に、しかも円滑に進めるためには、小学校の全教職員が役割を分担し、組織的に推進することが必要です。

　保健教育に初めて出会う小学校段階の児童にとっては、健康に関する一般的・基本的概念を習得し、それらを日常生活に適用させ、健康に関する実践的態度や能力を育めるようにすることが大切です。

　小学校の保健教育は6年間を通して行われるものであり、第3学年から第6学年までは体育科の「保健」の領域で、第1・2学年においては、「保健」の領域の位置付けがなされていないため、特別活動（学級活動）を中心に教育活動全体を通じて計画的・組織的に保健指導が行われています。さらに、社会・理科・家庭・道徳等の各教科においても、教科目標の達成に必要な内容を取り扱いながら、保健に関連のある内容の学習が行われることになります。また、保健管理では、児童の健康状態や環境衛生の把握、健康の保持増進のための具体策の実施など、保健教育と保健管理のバランスの取れた取組を行うことが求められています。

2 小学校の保健主事の特徴

　小学校の学校保健における保健教育では各教科等の担当者、保健管理では養護教諭を中心に、学級担任や体育主任、安全教育主任、給食主任、学年主任、児童指導主任、教育相談主任など、様々な役割の教職員が関わりながら学校保健の取組を進めることになります。

　広範囲にまたがる学校保健の仕事を各学校でコーディネートするのが保健主事の役割になりますが、小学校においては、学校の規模や教員の年齢構成によって保健主事を担当することになる教員の立場が異なります。保健教育の中心となる体育主任、保健管理の中心となる養護教諭、経験豊富なベテラン教員など、学校の状況によって保健主事を担当する教員が変わってきます。

3 小学校の学校保健の特徴を踏まえた保健主事の留意点

　学校保健の活動は、きわめて多方面にわたって展開されるものであり、健康に対する価値観も多様なことから、教職員の協力体制の確立、学校・家庭・地域の密接な連携、関係機関・団体との調整など、学校内外の課題を保健主事が正確に把握しておくことが必要です。

　特に小学校では、保健主事の担い手が体育主任や養護教諭等と兼務することが多く、保健主事の業務だけに専念することができない場合があるので、立場によって学校保健の活動が保健教育や保健管理に偏ることなく、バランスよく展開できるようにすることが大切です。

　学校保健に関わる活動の充実に向けては、多岐にわたる学校保健の活動に携わる人々の誰もが活動しやすい環境づくりをすることが大切で、保健主事がその役割を果たすことになります。

　保健主事を担う教員の立場にかかわらず、保健主事の仕事を一人でこなすことは困難なことです。学校長のリーダーシップのもと、学校の全教職員で適切かつ円滑に仕事が進められるようにしてください。

第1章　保健主事としてまずは知っておきたいこと　35

学校段階による学校保健と保健主事の特徴②：中学校

---

❶ 学校の実態に応じた学校保健を推進する。

❷ 関係者に働きかけて、学校保健活動の充実を図る。

❸ 関係者の意識を高め、協力を得る工夫を行う。

---

1 中学校の特徴と中学校の学校保健の特徴

　中学校は、小学校6年間における教育の基礎の上に行われる義務教育最後の3年間です。中学校では、各教科ごとに専門の教員が担当する教科担任制で授業が行われることになります。中学校卒業後は、高等学校へ進学したり、就職したりするなど、自分の進路を考え、決定し、進むことになります。

　中学生では心身の発育発達が著しく、性的な成熟も進み、自我意識も高まってきます。その一方で、個人差が大きく見られたり、心身が劇的に変化し、それに関わる健康課題や思春期の悩みなども表れてきたりします。夜型の生活や食生活などの生活習慣が乱れたり、様々な健康情報や性・薬物等に関する情報の入手が容易になったりと、大きく生活や環境が変化する時期でもあります。

　中学校の学校保健における保健教育は、保健体育科保健分野を中心とした教科、特別活動、総合的な学習の時間など、関連する教科等がそれぞれの特質に応じて行われた上で、相互に関連させて指導していく必要があります。特に、保健体育科保健分野は、健康・安全に関する包括的な内容について、第1学年から第3学年にかけて系統的に指導すること

36　学校段階による学校保健と保健主事の特徴②：中学校

とされており、すべての生徒がもれなく習得するべきものであり、保健教育の中心的な役割を担っています。

2 中学校の保健主事の特徴

中学校の保健主事は、学校の状況によって高い専門性をもち、保健管理に含まれるため、保健管理の中心となる養護教諭が兼任することもあります。

また、教諭が担当する場合は、保健教育の中心的な役割をもつ保健体育科の教諭、または、学校全体のことを把握していたり、他の職員に働きかけたりすることができるベテランや中堅の教諭が多くなっています。

保健主事には、学級担任や教科担当、養護教諭、スクールカウンセラー、関係する校務分掌主任や部活動担当、地域の関係機関など、様々な関係者に働きかけて、学校保健活動を充実させる役割があります。

3 中学校の学校保健の特徴を踏まえた保健主事の留意点

学校保健の領域は多岐にわたっており、保健主事一人ですべての仕事をこなすことはできません。学校保健活動をより充実させるために、学校内外の多くの関係者を巻き込んで学校保健活動を行いましょう。

また、保健主事を養護教諭や保健体育科の教諭が兼務することが多く見られますが、担当者の立場によって保健主事の業務や取組に偏りが生じてしまうことがないように意識しましょう。それ以外の教諭が担当する場合には、養護教諭や保健体育科の教諭に業務の多くを任せてしまうのではなく、自校の学校保健活動が充実するように関係者と連携し、環境づくりや働きかけに努めていきましょう。

教職員をはじめ、関係者の意識を高め、協力を得るために、健康に関する情報や自校の健康課題を積極的に提供したり、取組の様子などをWebページ等で発信したりすることが大切です。

学校段階による学校保健と
保健主事の特徴③：高等学校

❶ 社会で生きていくための「健康に関するリテラシー」を育成する。

❷ 課程や学科等を踏まえ、多様な生徒への対応が求められる。

❸ 様々な職種の教職員が、得意分野と専門性を生かして連携・分担する組織づくりが重要である。

1　高等学校の特徴と高等学校の学校保健の特徴

　高等学校には、全日制課程・定時制課程・通信制課程などの課程による違いや、普通科・専門学科・総合学科など様々な学科による違いがあり、それぞれ異なる学校保健上の課題を有しています。

　高校生期は、心身の発達が急激に進む時期に当たります。親への依存から離れて自己決定したいという要求が高まる一方、集団や社会の一員としての自覚や責任が求められる年頃となります。さらには民法改正による成年年齢の引き下げに伴い、社会生活上の様々な変化が生じます。

　こうした初等中等教育の総仕上げの時期を過ごす高校生には、卒業後も健康で活力ある生活を送ることができるような「健康に関するリテラシー」を、「生きて働く能力」として身に付けさせる必要があります。

　具体的には、心の健康や体力の向上、生活習慣病とその予防、望ましい食習慣の確立、運動・休養と余暇の利用、性情報への対処や性の逸脱行動に関すること、性感染症の予防、喫煙・飲酒・薬物乱用の防止などについて、特別活動における保健教育をはじめ、学校の教育活動全体を通じて適切に指導することが求められています。

2 高等学校の保健主事の特徴

　高等学校の保健主事は教諭をもって充てられることが多く、学校保健に関する分掌（保健部等）を取りまとめています。円滑な学校保健の推進には、高い専門性をもつ養護教諭をはじめ、学年主任・担任団、生徒指導主事、教育相談主任、部活動顧問等との連携・協力が重要です。

　高等学校へ入学してくる生徒は、その地域の子供ばかりとは限りません。したがって、中学校との緊密な連携を図り、健康・安全や生活上の留意点等を把握する、学校種を越えた「タテ」の情報共有が重要です。

　また、高等学校は課程や学科等の類型により、直面する課題に一定の共通性が見られる場合があります。したがって、関係校が緊密に連携して効果的な対応方策等を話し合う、学校・地域間の「ヨコ」の情報共有も欠かせません。学校間には保健主事はじめ養護教諭、教頭、校長などの多くのチャンネルがあり、重層的・多角的な情報収集が可能です。保健主事が呼びかけて「タテ」と「ヨコ」の情報収集・共有を図ることが、多様な生徒に対応するための重要な手掛かりとなります。

3 高等学校の特徴を踏まえた保健主事の留意点

　1000人超の生徒が在籍し、異なる課程や学科等を併置することもある高等学校で学校保健を推進するためには、校長のリーダーシップのもと、様々な職種の教職員が情報や課題を共有し、専門性や得意分野を生かして連携・分担する組織づくり、職場の雰囲気づくりが重要です。

　さらに、複雑化・多様化する今日の健康課題に対応するためには、学校医、学校歯科医、学校薬剤師はじめ、カウンセラー、ソーシャルワーカーなどの専門スタッフと教職員が、一つのチームとして連携・協働する「チームとしての学校」の進化が望まれます。保健主事には、こうした取組や組織づくりのキーパーソンとしての役割が期待されています。

第1章 ｜ 保健主事としてまずは知っておきたいこと

学校保健の
学校段階別評価①：小学校

❶ 学校評価の一環として評価を行い、問題把握と問題解決に努める。

❷ 組織的・継続的に評価することで、活動の充実や改善につなげる。

❸ 全校体制で行う。

1 学校保健に関する評価の観点及び内容

　小学校における学校保健活動は、学校教育目標の具現化を図るための活動であり、結果として児童の心身の健康の保持増進につながるものになります。そのため、学校保健の評価に当たっては、学校評価の一環として学校の実情に即して評価の観点及び内容を設定し、評価を実施し、評価の結果分析等を行い、的確な問題把握と問題解決に努めることになります。学校保健に関する評価の観点及び内容の設定については、学校評価及び各種調査等の結果を詳細に分析し、児童の実態に基づくとともに、学校や地域の実情などを踏まえながら、解決すべき課題を明確にした上で整理する必要があります。

　評価の観点としては、学校保健の基本的な捉え方、学校保健計画、保健教育、保健管理、学校保健に関する組織活動があり、具体的な内容としては、学校保健を推進する校内体制、学校保健計画の運用、各教科等での保健教育の実施、学校生活における日常の保健指導、児童の実態に応じた個別の保健指導、健康診断・健康観察・健康相談の実施、学校環境衛生活動等の実施、学校保健委員会の運営等が適切に行われているかを評価することになります。

2 評価の機会と方法

　各学校においては、年度始めの諸計画を作成する際、学校保健に関する指導の充実が図られるよう重点目標を設定し、児童の実態や具体的な取組等を明らかにした計画を作成することになります。

　また、作成した計画に基づき実践した成果を、自己評価及び学校関係者評価により組織的・継続的に検証することにより、ＰＤＣＡサイクルの円滑化が図られ、活動の充実や改善が行われます。

　具体的なタイムスケジュールについては、以下のとおりとなります。

①４月：計画の教職員への周知

　・すべての教職員に対して、十分に共通理解を図る。

②６月：計画の公表、評価及びアンケート等の説明

　・作成した計画を学校のホームページで公表する。

　・評価項目や全体アンケートの実施について、保護者や学校関係者に説明する。

③10月～12月：全体アンケートの実施

　・児童や保護者等に配布・回収し、集計する。

④１月～２月：評価の実施

　・校内検討委員会等による「自己評価」の実施。

　・学校関係者による「学校関係者評価」の実施。

⑤３月：評価の公表及び、次年度の計画作成

　・評価結果を学校のホームページで公表する。

　・評価結果及び教職員の観察等から課題を明確にし、次年度の計画を作成する。

3 評価をする際の配慮事項

　全教職員が実態や課題に応じた具体的な取組を検討し、共通理解を図った上で、全校体制での実践を推進することが大切です。

学校保健の
学校段階別評価②：中学校

❶ 学校評価等に位置付けて全教職員で行う。

❷ 評価する時期、方法、内容などについて工夫する。

❸ 評価結果を分析し、課題を見つけ、改善につなげる。

1　学校保健に関する評価の実施

　学校保健活動は、学校教育目標の具現化を図るための活動であり、結果として生徒の心身の健康の保持増進につながるものでなければなりません。そのため、学校保健に関する評価に当たっては、学校の実情に即して、学校保健計画、保健管理、保健教育、組織活動などについて、評価の観点や内容を設定し、すべての教職員で評価を実施することが重要です。

2　評価の機会と方法

　評価する目的や内容等に応じて、適切な時期にバランスよく評価の機会を設けることが必要です。

・生徒の日常の生活行動について、教職員が観察により評価する方法

・面接や質問紙を用意しての質問による方法

・各担当者による記録の収集、分析による方法

・教職員等の話合いによる方法

・生徒、保護者、地域の方々などの意見収集、分析による方法　　など

（例）学校保健評価表を活用した取組例

・以下の学校保健評価表ファイルを活用し、各学期末に評価を行う。

・よかった点や課題点があれば特記事項に記入する。

学校保健評価表　　　　　　　　　　　　　　○○中学校

評 価 項 目	評価時期 1	2	3	特記事項
学校保健計画 学校保健計画が生徒の実態や学校の実情に即しているか。				
学校保健活動が全職員共通理解のもと計画的に行われているか。				
学校保健計画及び学校保健活動について、全職員による評価、改善が行われているか。				
保健管理 食物アレルギー及び事故発生時等の救急体制が全職員に周知され、研修等が適正に実施されているか。				
学校医や関係機関、保護者等と適正な連携が図れているか。				
AED等の位置が明示され、持ち出せるように整備されているか。				
健康診断が全職員により計画的・組織的に実施されているか。				
健康診断事前指導や保健調査結果が有効に活用されているか。				
健康診断の事後措置が適切に行われ、健康診断結果は生徒の保健管理・保健指導に有効に活用されているか。				
学校医等との連絡・調整を十分に図って健康診断が行われているか。				
保健関係諸帳簿等が適正に作成、記入、管理されているか。				
学級担任等による健康観察が適正に行われ活用されているか。				
保健管理 要管理生徒の把握及び管理・指導が適切に行われているか。				
平常時の感染症予防対策が実施され、かつ感染症発生時には適切に対応できているか。				
教職員及び保護者、関連機関等と連携した健康相談または保健指導が行われているか。				
学校環境衛生検査が適切に実施されているか。				
日常的な点検により、日常の環境衛生が適正に実施されているか。				
学校環境衛生検査の結果により、学校薬剤師等と連携した事後措置が行われているか。				
保健教育 学校保健計画に基づき、組織的・計画的に保健教育が実施されているか。				
保健教育の内容が生徒や学校、地域の実情や発達段階に応じた内容となっているか。				
養護教諭等や外部講師等を活用した指導が行われているか。				
生徒の健康に関する意識を高め、日常生活における実践力につなげるよう工夫されているか。				
日常の保健指導や生徒の個別指導が適正に実施されているか。				
組織活動 教職員、家庭、学校医等と連携し、組織的に展開されているか。				
学校保健委員会が健康課題解決の場として機能しているか。				
学校の健康課題解決に向けた取組に向けて工夫されているか。				
学校保健委員会を活性化するための工夫がされているか。				

3 評価結果の分析と改善

　保健主事が中心となり、保健部で評価結果の分析を行って、問題点を明確にして問題解決を図り、次回の活動や次年度の活動につなげます。

学校保健の
学校段階別評価③：高等学校

❶ 学科等の特質に応じ、評価項目や指標等を適切に設定する。

❷ 特色ある健康教育の発信を通して、学校理解に貢献する。

❸ 実験・実習に伴う危険が予測される専門学科では、当該学科教職員と十分検討し、安全対策と評価項目を設定する。

1 学校評価の視点から見た高等学校の学校保健の特徴

　高等学校には様々な課程や学科等があり、特有の学校運営の在り方が存在します。特に実習を伴う専門学科や、様々な生徒を対象に多様な教育機会を提供している定時制・通信制課程においては、健康・安全確保のための十分な対策とともに、設置する課程・学科等の特質に応じて、自己評価の項目や指標等を適切に設定することが重要になります。

　また、生徒募集に関わる広報活動等も大切な業務となります。これを学校保健の視点から捉えれば、当面する課題に合った特色ある健康教育を評価項目として設定し、実施後のアンケート等を踏まえて教育活動の成果と課題を発信していくなどの取組により、中学生を含む地域への情報発信、学校理解の促進につなげていくことなどが考えられます。

2 高等学校の学校保健の評価項目等の設定

　文部科学省は、学校保健の取組状況を評価する項目等を設定するための参考として、次のように例示しています[1]（一部修正し「児童」を削除）。

保健管理　○生徒を対象とする保健（薬物乱用防止、心のケア等を含む）に関する体制整備や指導・相談の実施の状況、○家庭や地域の保健・医療機関等との連携の状況、○法定の学校保健計画の作成・実施の状況、学校環境衛生の管理状況、○日常の健康観察や疾病予防、生徒の自己健康管理能力向上のための取組、健康診断の実施の状況

保健教育　○学校保健計画に位置付けた関連教科、総合的な探究の時間、特別活動の実施状況、○保健に関する個別指導や日常の学校生活における指導の実施状況、○学校医、学校歯科医、学校薬剤師、外部講師等の活用状況

これらの項目を参考に、評価項目・指標等を設定します。

3 専門学科における評価項目等の設定の留意点

文部科学省は併せて、専門学科のある高等学校の特性を踏まえ、評価項目等を設定するための参考として、次のように例示しています。

○実験・実習に関わる施設・設備・備品の安全と衛生に配慮した適正な管理・点検と効果的な活用、○実習を通して得られた食品等の成果物の適正な取扱い及びそれらの安全・衛生面についての管理体制の整備、○実験・実習に関わる動植物の飼育、栽培等の適正な管理、○薬品、飼料等の適正な管理と使用、○実験・実習に関わる教職員の体制整備の状況、○企業内実習・現場実習における実習施設等との協力体制の整備及び安全確保

専門学科のある高等学校においては、これらの項目を参考に、実験・実習に伴って予測される危険、対策等を当該学科教職員と十分検討し、評価項目・指標等を設定します。

1　『学校評価ガイドライン』p.51（文部科学省、平成28年3月）

第1章　保健主事としてまずは知っておきたいこと　　45

第 **2** 章

保健主事の仕事を知る

［スタート期：4月〜5月］

学校保健計画の作成

① 学校保健計画は全体計画と年間計画からなる。

② 学校保健計画における全体計画は、学校教育目標、学校保健目標、重点目標、方針等からなる。

③ 学校保健年間計画の内容は、保健教育、保健管理、組織活動からなる。

1 総合的な基本計画である学校保健計画

　学校保健計画は、学校保健安全法第5条（昭和33年法律第56号）において、「学校においては、児童生徒等及び職員の心身の健康の保持増進を図るため、児童生徒等及び職員の健康診断、環境衛生検査、児童生徒等に対する指導その他保健に関する事項について計画を策定し、これを実施しなければならない」と規定されています。

　学校には健康に関する様々な計画が存在しますが、法的な根拠に基づいて作成される学校保健計画はそれらの根本となる計画であり、「全体計画」の部分と「年間計画」の部分からなります。保健主事は、学校保健計画の作成の中心となり、作成の過程から全教職員の共通理解が得られるように配慮する必要があります。

2 学校保健計画における全体計画の作成

　全体計画の作成は、学校の教育目標と学校保健の関連を踏まえて、学校保健目標を明確にし、実施に向けて重点目標を立て、具体的な方針を

48　　学校保健計画の作成

決定します。その際、児童生徒等や地域の実態、学校種別、規模等に即して自校の実情に合った計画を作成することが大切です。また、学校内関係者の一方的な計画にならないように、設置者はもちろん、各関係機関との連絡・調整や家庭や地域社会の保健活動との連携を図ります。

3 学校保健年間計画の内容

　年間計画の作成に当たっては、学校における保健管理と保健教育、学校保健委員会などの組織活動が年間を見通して位置付いた総合的な基本計画となるよう留意することが大切です。具体的には、次の内容を位置付けることが考えられます。

①保健教育に関する内容

・小学校、中学校等においては、学習指導要領解説総則編付録6に示された「心身の健康の保持増進に関する教育」に記載された内容を踏まえて、関連教科、特別活動、総合的な学習の時間等の内容を学年、実施時期等を考慮して位置付ける。
・高等学校等においては、学習指導要領及び解説から健康に関わる内容を洗い出し、関連教科、特別活動、総合的な探究の時間等の内容を学年、実施時期等を考慮して位置付ける。

②保健管理に関する内容

・健康観察　・保健調査　・健康相談　・保健指導
・健康診断及び事後措置　・感染症の予防　・環境衛生検査　等
※保健指導については、学校の実情に応じて保健教育と関連させて保健教育の内容として位置付ける場合もある。

③組織活動に関する内容

・学校保健委員会　・学校内における組織活動　・校内研修
・家庭、地域社会との連携　等

［スタート期：4月〜5月］

保健教育の年間計画の決定

　年間計画作成に向けては、まず、各教科等の内容を確認し、保健教育に関連する単元や内容を整理するとともに、各学校の目標や健康診断などの行事、特色ある教育活動などを踏まえ、各教科等との関連を図った指導を展開できるようにすることが必要です。そのためにも、指導の時期などを保健教育の内容に明記することや各教科等の年間指導計画に他教科との関連を明記することで、教職員が意識できるようにします。

1 保健教育に関わる内容の整理（各校種の学習指導要領を参考）

学校段階における心身の保持増進に関する教育

（小学校）	・快適な住まい方	民生活との関連
●体育科（保健領域）	●生活科	●特別の教科道徳
・健康な生活	・家庭と生活	・節度、節制　・生命の尊さ
・体の発育・発達	●理科	●総合的な学習の時間
・心の健康　・けがの防止	・人の体のつくりと運動	・探究課題　環境、福祉・健康
・病気の予防	・動物の誕生	など
●体育科（運動領域）	・人の体のつくりと働き	●特別活動
・体つくり運動（遊び）	●社会	・学級活動　　・児童会活動
●家庭科	・人々の健康や生活環境を支える事業	・学校行事
・食事の役割	・我が国の国土の自然環境と国	
・衣服の着用と手入れ		

（中学校）	・食事の役割と中学生の栄養の特徴	●特別の教科道徳
●保健体育科（保健分野）	・衣服の選択と手入れ	・節度、節制　・生命の尊さ
・健康な生活と疾病の予防	・住居の機能と安全な住まい方	●総合的な学習の時間
・心身の機能の発達と心の健康	●理科	・探究課題　環境、福祉・健康
・傷害の防止　・健康と環境	・生物の体のつくりと働き	など
●保健体育（体育分野）	●社会	●特別活動
・体つくり運動	・国民の生活と政府の役割	・学級活動　　・生徒会活動
●技術・家庭科（家庭分野）		・学校行事

```
（高等学校）            ●家庭科              ・自立した主体としてよりよい
●保健体育科（科目保健）   ・人の一生と家族・家庭及び福     社会の形成に参画する私たち
・現代社会と健康            祉
・安全な社会生活          ・食生活と健康          ●総合的な探究の時間
・生涯を通じる健康        ・食生活の科学と文化       ・探究課題　環境、福祉・健康
・健康を支える環境づくり    ●理科                 など
                      ・ヒトの体の調節         ●特別活動
●保健体育科（科目体育）   ●公民科               ・ホームルーム活動
・体つくり運動            ・公共的な空間を作る私たち    ・生徒会活動　　・学校行事
```

2 相互に関連をもった指導の工夫の例

　各取組に際しては、個々の実態への配慮が必要です。また、個人情報の取扱いに留意し、関係機関との連携も検討していく必要があります。

■食育の事例

　生活科や家庭科の食に関する内容と、体育・保健体育科の生活習慣や発達・発育の内容、総合的な学習の時間（探究）との関連を図ります。また、健康によい食事や旬のある献立など給食との関連を図った取組や地域や家庭への啓発を通した連携した取組といった実践も考えられます。

■がん教育の事例

　体育・保健体育科で学習した後、医師を講師とした「がん教育」（特別活動）やがんサバイバーによる生命尊重教育（道徳）の実践との関連を図ることが考えられます。また、「がん」に関する講演会の開催や学校保健委員会での取組など、地域や家庭と連携した実践も考えられます。

■心の教育の事例

　体育・保健体育科で学習した後、「体つくり運動」との関連を図り、運動と健康を関連付けた指導を展開します。また、生活アンケートの実施やスクールカウンセラーとの全員面談、教育相談の実施など、児童生徒や家庭と連携した取組を設定することも考えられます。

第2章　保健主事の仕事を知る　51

[スタート期：4月～5月]

学校保健に関する校内組織体制の確立

❶ 学校種や学校規模などによって校内組織の名称や内容が異なる。
❷ 学校保健活動は様々な場面において異なるメンバーで行われる。
❸ メンバーの専門性を生かすには組織体制と役割分担が重要になる。

1 校内組織の体制

　学校保健に関する校内組織については、学校種や学校規模などによって名称や内容が異なることがありますが、「教職員保健委員会（保健部）」「児童生徒・保健委員会」「学級保健委員会（保健係）」などがあります。

■教職員保健委員会（保健部）
・校務分掌に位置付けられて、学校保健の課題に対して教職員の共通理解を深めるとともに、教職員の協力を得ながら学校保健活動を充実させるための組織。
・学校規模により構成人数に異なりはあるが、保健主事、養護教諭、教科代表、学年代表、分掌担当者等から構成される。
・組織構成の例

■児童生徒・保健委員会
・保健主事、養護教諭等の指導により、児童会・生徒会活動の一環として行われる教育活動で、保健指導の場として捉えられている組織。

■学級保健委員会（保健係）
・学級担任の指導により、学級における健康問題を自主的に発見し、話し合い、解決するための組織。

2 学校保健関係職員の役割

　学校保健活動は、様々な場面（保健教育、保健管理、組織活動など）において、異なるメンバーによって実施されることから、組織的な運用でなければ効果的に実施することが困難になります。

　メンバー相互の連携を適切にし、共通理解を深め、専門性を生かして活動する意欲を出させるためには、目的に対しての統一された組織体制が必要となり、メンバーの役割分担が重要になってきます。

■保健主事
・学校保健の企画と調整、円滑な推進を行う。
・すべての教職員が学校保健活動に関心をもち、それぞれの役割を円滑に遂行できるようにしていくための調整者。

■養護教諭
・専門的立場からすべての児童生徒の保健及び環境衛生の実態を的確に把握して、児童生徒の健康の増進に関する指導と、一般教員の行う日常の教育活動に積極的に協力する役割を保健主事と連携して行う。

■配慮事項
・メンバーを構成する際は、保健教育を扱う割合の多い教員だけでなく、学校保健活動に関わるあらゆる部署の教職員を対象に構成することが望ましい。

［スタート期：4月～5月］

学校保健の評価方法の決定

❶ 学校の実情に即して、評価の観点及び内容を設定する。

❷ 学校保健に関する活動に対して適切な時期にバランスよく評価の機会を設け、教職員、児童生徒、保護者、地域の方々などの意見を収集・分析する。

1 学校保健に関する評価の観点と内容

　学校においては、校長のリーダーシップのもと、全教職員が参加して教育活動等の成果を検証し、必要な支援・改善を行うことにより、学校運営の改善を目指し、教育水準の向上を図ることが重要になります。

　学校保健に関する評価に当たっては、学校評価の一環として、学校の実情に即して、学校保健計画、保健教育、保健管理、組織活動等について、評価の観点及び内容を設定することになります。

2 評価の機会と方法

　学校保健活動は、学校教育全体を通じて行われることから、評価も学校教育全体の中で多面的かつ継続的に行うことが大切になります。

　評価の機会については、極めて多様であることから、学校保健計画に位置付けた保健教育、保健管理、組織活動に対して適切な時期にバランスよく評価の機会を設ける必要があります。

　評価の方法としては、児童生徒の日常の生活行動について、教職員が

54　　学校保健の評価方法の決定

観察により評価する方法や児童生徒、保護者、地域の方々などの意見を収集・分析する方法などがあります。

3 評価の具体例

評価項目	指標等
基本的な捉え方	・学校保健に対する考え方が確かなものになっているか。 ・基本的な内容を保健教育と保健管理として捉えているか。 ・保健主事の役割及び校内体制の重要性が認識されているか。 ・家庭、地域社会との連携の重要性について、教職員の共通理解が図られているか。
学校保健計画	・保健教育、保健管理及び組織活動を含む総合的な基本計画となっているか。 ・教職員の意見が反映されているか。 ・児童生徒や地域社会の実態等が反映されているか。 ・前年度の評価の結果が生かされているか。
保健教育	・体育科・保健体育科における学習が計画的に行われているか。 ・その他関連する教科等における学習が計画的に行われているか。 ・特別活動（学級活動・ホームルーム活動、学校行事、児童会活動・生徒会活動等）が計画的、効果的に行われているか。 ・総合的な学習（探究）の時間における環境、福祉・健康に関する学習が取り上げられているか。 ・学校生活における日常の保健指導が適切に行われているか。 ・児童生徒の実態に応じた個別の保健指導が適切に行われているか。
保健管理	・健康診断が法令等に基づき計画的、効果的に行われているか。 ・健康観察、健康相談が計画的に行われているか。 ・学校環境衛生検査が計画的に行われているか。 ・健康に問題がある児童生徒の保健管理が適切に行われているか。 ・法令に基づく公表簿等が適切に管理されているか。
組織活動	・教職員の協力体制が確立され、活動が円滑に行われているか。 ・学校保健に関する研修が計画的に行われているか。 ・家庭との連携が密接に図られているか。 ・学校保健委員会が設置され、計画的に開催されているか。 ・関係機関・団体など、地域社会との連携が密に図られているか。

第2章　保健主事の仕事を知る　55

[スタート期：4月～5月]

健康診断の準備と実施

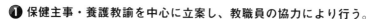

❶ 保健主事・養護教諭を中心に立案し、教職員の協力により行う。
❷ 学校行事として、期日までに行う。
❸ 前年度の反省事項を生かして、学校保健計画に適切に位置付ける。

　定期健康診断は、毎学年定期的に実施が義務付けられているもので、学校教育活動の中で児童生徒等の健康の保持増進に極めて重要な行事として位置付けられています。

　学年のはじめに当たって、1年間の学校教育に支障なく参加できる健康状態にあるかどうか、本人、保護者、担任を含めた関係教職員が認識するために大変重要なもので、児童生徒への事前指導、保健調査にはじまり、身体計測、学校医の診断、医学的検査を行い、事後措置へとつながる大きな流れのもとに実施されるものになります。

1 健康診断の準備

■健康診断計画
　・保健主事・養護教諭を中心に立案する。
　・実施の日程・手順などを校内で協議の上、決定する。
　・関係機関との事前連絡をする。
■事前指導・事前準備
　・児童生徒に対する事前指導は、学級指導や各種の保健組織を通して行う。

- 教職員の共通理解を図り、家庭、地域への連絡を行う。
- 会場・機械器具の準備などは、教職員や各種の保健組織の協力により行う。

2 健康診断の実施

■保健調査
- 成育歴、既往症などに関するアンケート調査を各学級を通して行う。

■検査的事項
- 身体計測等の諸検査と委託医療・検査機関による検査を教職員や養護教諭などの分担により、学校行事や学級指導として行う。

■検診的事項
- 学校医・学校歯科医による専門的検診を、学校行事として6月末までに完了させる。

■事後処理・事後措置
- 会場・機械器具の整理と結果の収集・処理を、教職員の協力により行う。
- 検査・検診の結果を通知する。

3 健康診断を計画的に進めるには

　前年度の反省事項を生かして、学校保健計画に児童生徒の健康診断を適切に位置付けることが大切になります。各学校の実情に即して、実施期日等を調整し、4月から6月までに計画的に位置付けることになります。

　保健主事が、職員会議等で児童生徒の健康診断の意義やねらいを確認し、全教職員の共通理解を図れるようにすることが大切になります。

[スタート期：4月〜5月]

学校保健に関する職員研修

❶ 学校保健に関する情報を共有し、教職員の役割分担を明確にする。

❷ 多様な児童生徒の健康問題について、教職員の共通理解を図る。

　児童生徒を取り巻く健康課題は多様であり、問題傾向の変化が著しいことから、学校保健に関わる教職員は、児童生徒の健康課題の解決に向けた職員研修を通して、その成果を学校現場で具現化する必要があります。

1　職員研修の内容

　学校保健に関する研修の内容は多岐にわたっていることから、研修の視点を明確にすることが大切です。

　教職員が学校保健に関する情報を共有し、教職員の役割分担を明確にすることで、学校保健活動を活発にしていくことが重要です。

■研修内容の例

・児童生徒の疾病予防・健康増進の指導

・心身の健康に問題のある児童生徒の管理と指導

・学校環境衛生に関する実態の把握と評価

・学校保健に関する組織活動

・学校と地域の関係機関・団体との連携　など

2　職員研修の方法

■課題の確認と分析
- 多様な児童生徒の健康問題について、基礎的理解、基礎的対応ができるように、教職員の共通理解を図る。
- 緊急性、順位性、地域特性、学校経営評価等を考慮しながら課題の分析を行う。

■課題の解決
- 行動目標、指導計画、指導技術、指導資料、組織活動等について研修を進め、課題解決の方法を実践し、評価を行う。

3　職員研修の例

■アレルギー対応研修
- 養護教諭から、アレルギー対応について学ぶ。

■学校環境衛生研修
- 学校薬剤師から、学校環境衛生について学ぶ。

■SC研修
- スクールカウンセラーから「心の健康」について学ぶ。

■心肺蘇生法研修
- 消防署と連携し、心肺蘇生法とAED使用法を体験。

[スタート期：4月～5月]

家庭や地域と連携する学校保健活動の計画・調整

❶ 児童生徒の健康づくりを推進するため、家庭に対する啓発活動を行う。
❷ 児童生徒の健康課題に対応するため、地域の協力を得られるようにする。

1 家庭との連携

　児童生徒が生涯を通じた健康づくりを推進していくためには、日頃から家庭に対する啓発活動を行うことで、家庭との信頼関係の構築に努め、理解を深めていくとともに、児童生徒の健康的な生活行動の実践へとつながるように働きかけることが大切です。

■家庭への啓発
・学校保健委員会をはじめ、保護者会、授業参観、地域懇談会などの機会に学校保健に関する方針を説明。
・学校だより、保健だより、学年・学級通信や学校ホームページ等を活用して、学校保健活動について発信。
・定期健康診断の事後措置の指示（日常生活行動の改善・向上に関する内容を加える）。
　また、学校と家庭との連携を図

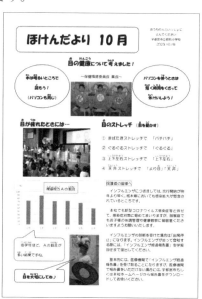

る上でPTAは重要な組織であることから、PTAに働きかけ、協力を得ることも大切です。

■PTAへの働きかけ
・学校保健活動や健康づくりに関する内容をPTA広報誌等へ掲載。
・PTA活動として、健康に関する講演会の開催。

2 地域との連携

児童生徒の現代的な健康課題に適切に対応するためには、日頃から地域の関係機関・団体に働きかけ、交流・連携を密にしておき、適切な協力を得られるようにしておくことが大切です。

また、地域にある異校種間の連携を進めることにより、健康情報や資料が継続され、それぞれの指導に生かすことができます。

■地域への働きかけの例
・感染症対策において、関係機関等の協力・連携を得ることで、適切に対処が進められ、予防効果も高まる。
・母子保健や保健福祉などを担当する機関と連携することで、専門的な情報や学校保健活動の協力・支援を受けることができ、地域の特性を踏まえた取組が実施できる。

■連携の例
・児童生徒の歯と口の健康や目の健康などの課題に対して、地域の小学校・中学校が連携して取り組むことによって、予防や悪化防止などの効果が期待できる。
・地域内の小・中・高等学校が連携して肥満予防などの指導や管理を一貫して行うことによって効果を上げている。

[実践期：5月～1月]

行事の計画・実施や長期休業中指導を中心とした学校保健の推進

❶ 健康課題や学校保健計画等を確認し、実施計画を作成して共通理解を図る。

❷ 健康課題や行事の目的、役割分担等を明確にして関係者の意識を高める。

❸ 児童生徒主体の取組や活動を工夫する。

1 実施計画の作成

　学校保健計画とともに、児童生徒の健康課題や前年度の反省などを確認し、学校保健関係の行事や活動等を計画的・組織的に実施しましょう。まず、その行事や活動のねらい、日時、場所、参加者、運営の分担、活動の流れなどが分かる実施計画を作成して、共通理解を図りましょう。

（例1）学校保健学習会実施計画「ピアサポートを学ぼう」

　友達関係に悩む生徒が多く見られたことから、教室を過ごしやすい場所にするために学校保健学習会においてピアサポートについて学ぶことを、保健部で実施計画を作成し、職員会議で提案しました。

```
              学校保健学習会（案）
1  ねらい  ピアサポートについて知り、基本的なスキルを身に付
         け、日常生活で取り入れて活動する意欲を高める。
2  日  時  令和○年○月○日  13：20～
3  会  場  ○○中学校  体育館
4  テーマ  「ピアサポートについて学ぼう～傾聴～」
5  講  師  日本ピアサポート学会  ○○○○  様
6  参加者  ○○小学校6学年、○○中学校1～3学年、教職員
7  次  第           進行（保健主事）
  （1）開会のことば          （生徒保健委員）
  （2）挨拶並び講師紹介        （校長）
  （3）講義及びピアサポート活動    （講師）
  （4）お礼のことば          （生徒保健委員長）
  （5）閉会のことば          （生徒保健委員）
```

2 関係者の当事者意識を高める

　学校保健に関する行事を行う際に特に大切なことは、関係者一人一人の目標達成に対する意識を高めることです。どうしてその行事等を行うのか（ねらいや目的）、その背景になっている児童生徒の健康や生活の実態、役割分担などを明確にすることで、関係者の理解や協力、意欲の高まりにつながります。また、学校保健活動が円滑に進められ、成果を上げるためには、保健主事が中心となり、関係者の役割を分担して組織的に推進することができるような協力体制を確立することが大切です。

3 取組や活動の工夫

　児童生徒主体の取組とすることで、健康に関する自己管理能力やたくましく生きる力を育むことにつながります。教師から指示を受けて取り組むこと以上に、子供が考えた取組や保健委員の子供から全校の子供に働きかけて行う取組などは、より意欲的な取組につながります。

（例２）夏休み元気生活チェック表づくりと活用

　インターネットの長時間利用に伴う睡眠時間の確保に課題が見られ、生徒保健委員会で話し合って『夏休み元気生活チェック表』を作成し、夏季業中に実施しました。生徒はタブレット端末を活用して１日を振り返って入力しました。楽しく続けることができるよう、『夏休み健康すごろくカード』と組み合わせる工夫を考え実施しました。

「◎：よくできた」の数で健康すごろくを進めてください。ゴールできる人がたくさんいることを楽しみにしています。保健委員会では、ゴールできた人にプレゼントを用意しているようです。

［実践期：5月～1月］

保健管理の推進
(学校環境衛生検査、インフルエンザ等感染症対策、臨時健康診断への対応)

❶ 意義やねらいの共通理解を図り、役割分担を明確にする。

❷ 関係者と連携し、組織的に現状や実態を把握する。

❸ 関係者と連携し、改善するための具体策を推進する。

　学校における教育活動を円滑に推進するために、保健管理は必要不可欠です。保健主事は、組織的かつ適切に児童生徒の健康状態や環境衛生の実態を把握するとともに、児童生徒の健康の回復や保持増進のための具体策を推進していく上でリーダーシップを発揮していくことが求められます。

1 教職員の意識を高める

　まず、健康診断や環境衛生検査についての意義やねらいについて全教職員に共通理解を図るとともに、役割分担を明確にすることで教職員の意識を高めることが重要です。保健主事は法律等を確認し、児童生徒の健康診断や環境衛生検査の意義やねらいについて理解しておきましょう。

2 現状や実態の把握

　児童生徒の疾病異常や学校環境衛生の実態などについて組織的に把握し、関係者で共有しましょう。

　定期健康診断において学校医や学校歯科医と連携して児童生徒の健康

状態を把握したり、学校環境衛生の定期検査において学校薬剤師と連携して定められた検査項目について実態を把握したりします。

日常的には、学級担任や教科担当をはじめ、健康観察を通して全教職員で児童生徒の心身の健康状態を把握したり、教室内や校内の日常点検を行って点検項目について確認したりします。

特に、感染症や食中毒の発生など、対応が必要な場合には、学校医等に相談するとともに、養護教諭や学級担任等と連携して健康観察を強化したり、学校薬剤師と連携して学校環境衛生の臨時検査を行ったりして、迅速に現状や実態の把握に努めましょう。

3 具体策の推進

把握した実態に基づいて、管理職、関係職員などと緊密に連絡をとり、学校医や学校薬剤師と連携して保健指導を充実させたり、必要に応じて対策委員会を開いて迅速に対応に当たったりすることが大切です。

（例）インフルエンザ等感染症対策

（流行期前）

・管理職を交えて感染防止対策について話し合う機会を設ける。

・職員研修を企画・運営し、教職員の理解を深め、意識を高める。

（流行期）

・保健部で自校の感染状況の把握や地域の情報を収集する。

・問題が生じた場合には、感染症対策委員会を開き、予防措置の企画や関係機関への連絡・調整に当たる。

・感染拡大が心配されるときには、学校医に相談し、指導を受けた事項を確実に教職員と児童生徒、保護者に伝える。

第2章 ｜ 保健主事の仕事を知る　65

[実践期：5月～1月]

学校保健委員会の活性化

① 1年間の計画づくりを通して関係者の理解、協力を得る。

② 運営案を作成し、組織的・計画的に運営する。

③ 開催後は事後活動につなげ、評価を活かす。

　学校保健委員会は、学校における健康課題を協議し、健康づくりを推進するための大切な組織です。保健主事が中心となって、管理職、養護教諭をはじめ学校保健関係者と相談しながら運営を進めましょう。

1 1年間の計画づくり

　まず、保健部会において、自校の児童生徒の健康課題やこれまで実施してきた学校保健委員会の内容や課題、年間で開催する内容や方法について話し合いましょう。次に、開催する内容や方法、手順などについて管理職に相談し、共通理解を図ったり、協力を得たりしましょう。

回	時期	主な協議の内容	備考
1回	6月	・健康診断等に基づく現状と課題 ・年間の目標や活動計画	・学校保健計画を確認する
2回	11月	・健康課題を改善するための取組	・児童生徒保健委員会主体の取組等を発表する
3回	2月	・年間活動のまとめと次年度の取組 ・学校保健活動に関する評価と改善	・評価結果を報告し、課題を共有する

「保健主事のための実務ハンドブック－令和2年度改訂－」（公益財団法人日本学校保健会）を一部改変

2 運営案の作成と運営

　学校保健委員会を充実したものにするためには、運営案を作成すると効果的です。運営案に沿って準備や運営に当たることで、関係者の共通理解を図ることができ、連携しながら計画的に準備したり、運営したりすることができます。また、資料等の準備や当日の運営については、保健部で役割を分担し、運営案をもとに組織的に進めていきましょう。

令和〇年度　第〇回　学校保健委員会運営案
1　日時・場所　令和〇年〇月〇日　午後　時　分～　時　分　〇〇学校　会議室
2　議題　　　　「　　　　　　　　　　　　　　　　　　　　　　　　　　　　」
3　ねらい　　　＊今回の会のめあてを明らかにする
4　参加者　　　＊出席する委員の職名(役職名)・氏名などを記載する
5　他の活動との関連＊これまでの学校保健委員会や教科・特別活動等との関連を記す
6　事前活動・準備　＊それぞれの立場で、誰が何をするか、何を準備するか記載する
　　保健主事：関係者との調整　保健部：資料作成、会場準備
　　児童生徒：取組等のまとめ　学校医等：質問に対する回答等の準備
7　展開

流れ	時間	保健部	児童生徒	保護者	教職員	行政担当	学校医等
問題提起・報告等	20分	検査結果等報告、課題改善の提案	実態調査結果や取組の報告	家庭の様子や保護者の視点	学校生活の現状と課題	地域の実態	専門的な立場から助言
協議	30分	・それぞれの立場で気づいたことや改善点などを話し合う。 ・どのように改善していくか方向性を明らかにし、それぞれの立場で実践できることを出し合う。					
まとめ	10分	・課題の改善に向けた取組を確認し合う。 ・学校医等から指導講評。					

「保健主事のための実務ハンドブック－令和2年度改訂－」(公益財団法人日本学校保健会)
を一部改変

3 事後活動と評価

　学校保健委員会後は、学校保健委員会だよりを作成して保護者や教職員に早めに周知したり、事後活動につなげたりしましょう。

　また、学校保健委員会の関係者からの評価をもとに、保健部で改善に向けて話し合い、次回や次年度に活かすことが大切です。

第2章　保健主事の仕事を知る

[実践期：5月～1月]

生徒主体の保健委員会を実施する

① 生徒と活動方針、活動計画をつくり、生徒主体の取組につなげる。

② 生徒主体の運営を行い、当事者意識を高める。

③ 定期的な評価を行い、改善につなげたり引き継いだりする。

　生徒保健委員会は、学校内での健康教育や健康管理を推進する大切な組織です。生徒保健委員会の取組を充実させ、学校全体の健康づくりを推進しましょう。

1　活動方針、活動計画づくり

　まず、年間を通じて計画的な活動が行われるように、年度始めに活動方針や活動計画を立てることが大切です。その際、これまでの反省や学校の健康課題などをもとに、活動目標や活動内容を生徒と一緒に話し合って決めると、生徒のより主体的な取組につながります。

（例）〇〇中学校　生徒保健委員会で話し合って決めた活動計画

令和〇年度　生徒保健委員会活動計画　　　　　　〇〇中学校

①活動目標

　学校全体の健康づくりを第一に考えて行動する

②活動内容

　（日常的な取組）

　健康調査、水質検査、水道の石けん補充、教室環境日常点検、健康に関する呼びかけ

　（年間活動予定）

　4月　・組織づくり、活動方針、活動内容の話合い

　5月　・保健集会：歯と口の健康に関するクイズの実施

68　　生徒主体の保健委員会を実施する

6月	・歯と口の健康週間：歯と口の健康標語の募集、作品紹介 ・学校保健学習会：運営
10月	・保健集会：健康ストレッチを全校生徒に紹介 ・前期の振り返りと後期への引継ぎ事項の検討 ・後期の組織づくり、活動方針、活動内容の話合い
11月	・学校保健委員会：発表
12月	・保健集会：感染症予防について
2月	・後期の振り返りと次年度への引継ぎ事項の検討

2 生徒主体の運営

生徒が中心となって活動を行うことで、より当事者意識が高まって意欲的な取組となり、責任感や達成感を育むことにもつながります。また、特に中学生の時期は、生徒から生徒へ働きかける取組が有効です。

(例)「生徒主体の保健集会を実施しよう」の取組

歯と口の健康週間に先立ち、全校生徒の歯と口の健康に関する意識をどうしたら高めることができるか、生徒保健委員会で話合いを行いました。話合いから、「○×クイズ」を行うことにまとまり、各学年ごとに問題を考え、タブレット端末を使って問題を作成しました。当日は、生徒保健委員で役割分担して運営し、全校生徒で歯と口の健康についてクイズを行い、優勝者には、「トゥース・キング」の称号が与えられるなど、楽しく学ぶことができました。

3 定期的な評価と改善

活動ごとに、あるいは月ごとなど定期的に振り返って評価を行い、話し合って改善を行うことで、よりよい活動になっていきます。また、前期と後期で生徒保健委員会のメンバーが入れ替わっても、取組や成果、改善事項などが引き継がれることで、活動が充実していきます。

[実践期：5月～1月]

定期的な学校保健の評価の実施と課題の焦点化

❶ 学校保健に関する評価を学校評価に位置付けて実施する。

❷ 課題を焦点化し、実行性のある取組につなげる。

❸ 関係者から情報を集め、分析・改善する。

1 学校保健に関する評価の実施

学校保健活動は、学校教育目標の具現化を図るための活動であり、結果として児童生徒等の心身の健康の保持増進につながるものでなければなりません。

そのため、学校保健に関する評価に当たっては、学校評価の一環として実施するなど、学校の実情に即して、学校保健計画、保健教育、保健管理、組織活動等について、評価の観点及び内容を設定して行うことが大切です。

2 課題の焦点化を図る

重点的に取り組むことを課題として設定することで、学校の全教職員はじめ、関係者が意識して取り組むことができ、より実効性のあるものにつながります。重点的に取り組む目標やそれを達成するための取組を、具体的かつ明確に定めましょう。

（例）メディアやゲーム等の利用、それに伴う健康的な生活習慣に課題が見られたことから課題の焦点化を図り、学校評価に位置付けた事例

（主な流れ）

4月　保健部会で重点を確認。管理職に相談して学校評価に組み込む

7月　第1回学校評価（生徒、保護者、教職員）　※フォームで実施

8月　学校評価の集計結果を分析し、後期の取組の方策を学年や保健部会で考案

9月　学校評価の結果と方策をまとめたものを保護者等に周知

2学期　改善するための方策を実施

12月　第2回学校評価（生徒、保護者、教職員）　※フォームで実施

1月　学校評価の集計結果から今年度の取組を振り返り、次年度の取組の方策を学年や保健部会で考案

2月　学校評価の結果と次年度の方策を保護者等に周知する

(例) 学校評価アンケート項目

生活習慣	生徒：自分の健康に関心をもち、早寝・早起き・朝ご飯を励行している。
	保護者：早寝・早起き・朝ご飯を励行し、子供が規則正しい生活ができるようにしている。
	教職員：生徒に心身ともに健康な生活習慣が身に付くよう取り組んでいる。
規則正しい生活習慣1	生徒：メディアやゲームの利用等について、家庭での約束をつくったり見直したりして、守っている。
	保護者：メディアやゲームの利用等について、子供と話し合ってつくったり、家庭で見直したりしている。
	教員：メディアやゲームの利用等について、家庭で話し合い、家庭での約束をつくるように働きかけている。
規則正しい生活習慣2	生徒：よりよい心身の成長のため、適正な睡眠時間を確保している。
	保護者：子供が適正な睡眠時間が取れるように、声かけをしたり家庭での約束について見直したりしている。
	教職員：家庭での約束を守り適正な睡眠時間を確保するよう指導している。

3 評価結果の分析と改善

　保健主事は、関係者から評価に関する情報を集めたり、達成できなかった内容やその原因を検討したりして評価結果を分析し、次の取組に反映させるための改善策を関係者と話し合っていきましょう。

[まとめ期：1月～2月]

学校保健の年度末評価の実施

❶ 1年間を通して、活動ごとに成果と課題を評価しておく。

❷ 各分掌・学年・教科等の会議で共有し、反省や意見を聴取することが、担当が気付けなかった改善点の発見につながる。

❸ 重点化した目標の設定が、自己評価のスタートラインとなる。

1 学校保健計画の進行と活動ごとの振り返り

　学校保健安全法第5条は、児童生徒等及び職員の心身の健康の保持増進を図るため、学校が保健に関する事項についての計画を策定することを定めています。この計画を学校保健計画と呼び、年間を通した学校保健の総合的な基本計画として位置付けられています。

　具体的には、前年度の反省や学校が当面する課題を踏まえ、本年度の重点目標とその達成に向けた具体的な取組などを評価項目として設定し、保健教育・保健管理・組織活動についての諸活動（例：薬物乱用防止教室、健康診断、学校保健委員会）を実施する形で計画を進行します。

　学校保健計画の実施に当たっては、継続的な改善の視点から、活動ごとに振り返りを行い、成果と課題を評価しておくことが重要です。その際、参加者アンケートや教職員アンケート等を実施することにより、評価の精度を高め、より実態に即した改善点を把握することができます。

　また、活動ごとの振り返りを踏まえて年度前半の中間評価を実施することにより、重点目標の達成状況等について教職員が理解を共有し、年度後半の取組に生かすことができます。

2 年度末評価（自己評価）と学校関係者評価の実施

　中間評価によって確認した重点項目の達成度を踏まえ、年度後半の計画を進行します。年度後半は健康診断のように実施期日や対象者が特定されている活動から、感染症予防対策などの広報活動（掲示物や配布資料の作成、ウェブページへの掲載等）にシフトすることも想定されます。「見てみよう」と思わせる特集を組んだり編集を工夫したりすることで、閲覧機会の増加につなげることも考えられます。

　年度後半は計画の実施と並行して、年度末評価の準備を進めます。各活動で整理してきた振り返りを、校内の各分掌・学年・教科等の会議で報告し、反省や意見を聴取します。

　共有された成果と課題を踏まえ、重点目標の達成状況に照らして学校保健計画全体の自己評価を実施します。保健主事は一連の実務の中心として、自己評価の結果と改善方策を取りまとめて学校関係者評価委員会へ報告・公表するとともに、次年度の目標設定、具体的取組に反映して、学校保健の改善につなげていきます。

3 年度末評価（自己評価）の留意点

　文部科学省は、年度末評価（学校評価における自己評価）で留意すべきポイントとして、「重点化された目標設定が自己評価の始まりであり、重点目標は学校の課題に即した具体的で明確なものとすること、総花的な設定を避けて精選することが重要」と示しています[1]。

　学校保健の評価においても、「網羅的で細かなチェックとして行うのではなく、重点化された目標を設定し、精選して実施すること」に留意し、教育活動の改善につなげていくことが大切です。

---

1 『学校評価ガイドライン』p.10（文部科学省、平成28年3月）

［まとめ期：1月〜2月］

学校保健計画の振り返りと見直し

❶ 各活動の振り返り、不断の見直しを進めることにより、児童生徒の実態に沿って教育活動の新陳代謝が促進される。

❷ 評価の視点を明確にして、保健教育、保健管理、組織活動をバランスよく見直す。

1 学校保健計画を見直す意味

　学校教育目標に沿って進行してきた1年間の学校保健の取組は、年度末評価（自己評価）や学校関係者評価によって成果と課題が評価され、各活動の見直しや点検が行われます。このプロセスを通じて、取組の弱点に対する補強などの軌道修正が図られるほか、所期の目的を果たして終了する活動、新規に取り入れられる活動など、学校行事のスクラップアンドビルドにつながり、教育活動の新陳代謝が促進されます。

　学校保健計画は、「健康」の側面から学校教育目標の実現を図る総合的な行動計画ですが、具体的には保健教育、保健管理、組織活動の分野別に計画された各活動の目的・内容・対象・手段方法・時期・物品・経費その他の項目の集合体と捉えることができます。したがって、「学校保健計画の振り返りと見直し」には、計画を構成する各活動の振り返りと見直しを、年間を通して継続的に行うことが大切です。

　年度末の総括に当たっては、各活動の単体としての評価に加え、関連各教科等での学習のタイミングや学校全体の行事計画を踏まえた各活動の順序や配列、さらには費用対効果も加えた検討が重要です。

2 具体的な見直しの手順・方法

　公益財団法人日本学校保健会は、「学校保健計画を見直すための評価視点例」として、以下の項目[1]を示していますので、参考にしましょう。

全　般

○学校保健に関する評価・記録が生かされていますか。
○児童生徒の実態に即したものとなっていますか。
○保健部会、保護者、関係機関等の意見が生かされていますか。
○学校保健目標が反映されていますか。

保健教育

○保健教育を行う時間が適切に確保されていますか。
○教科等において保健に関する内容の理解が深まるよう配慮されていますか。
○学級活動・ホームルーム活動における保健の指導が効果的に行われていますか。
○学校行事等における保健の指導が適切に行われていますか。
○児童会活動・生徒会活動等における保健の指導が適切に行われていますか。
○学校生活における日常の保健の指導が適切に行われていますか。
○子供の実態に応じた個別指導が適切に行われていますか。

保健管理

○健康診断が適切かつ効果的に行われていますか。
○健康相談が計画的に行われていますか。
○学校環境衛生検査及び学校環境衛生活動等が適切に行われていますか。
○健康に問題がある児童生徒の管理が適切に行われていますか。
○法令集及び法令に基づく公表簿等や必要な記録が整理されていますか。

組織活動

○組織活動が位置付けられていますか。
○教職員の協力体制が確立され、活動が円滑に行われていますか。
○家庭やPTA等との連携が図られていますか。
○学校保健委員会が開催され、健康に関する課題が解決されていますか。
○関係機関・団体など地域との連携が図られていますか。

1　『保健主事のための実務ハンドブック―令和2年度改訂―』p.42（公益財団法人日本学校保健会、令和3年3月）

[次年度方針期：3月]

1年間の全学年の実践の成果と課題は何か
─保健教育を例に考える─

❶ 事後アンケートには、各活動のねらいの達成度を把握する項目、成果と課題を浮かび上がらせる項目を盛り込む必要がある。

❷ 事後アンケートの数値や記述を、活動のねらい、児童生徒や学校の実態に照らしてどう意味付け・価値付けするかが重要である。

1 生徒の学びの把握（高等学校の特別活動を例に）

　ここでは、学校保健計画を構成する保健教育活動の振り返りに焦点を当て、成果と課題を把握するための手順について考えてみましょう。第3章p.144の事例を実践している高等学校では、次のような事後アンケートを活用して、生徒の学びを把握しています。

保健教育　「赤ちゃん先生」事後アンケート

Q1	講座の内容に日頃から関心はありましたか。
Q2	参加して関心は高まりましたか。
Q3	講座の内容に十分な予備知識はありましたか。
Q4	参加して知識や行動の仕方は身に付きましたか。
Q5	自分事として捉え、将来をイメージすることはできましたか。
Q6	講座の内容を生活面や行動面に生かすことはできそうですか。
Q7	ママさんの話で、一番印象深かったことは何ですか。自由に記入してください。
Q8	ママさんの話から、あなたの人生設計のヒントになることがあったら、自由に記入してください。
Q9	「赤ちゃん先生」に向けて、メッセージをどうぞ。

※Q1〜Q6は、「とてもそう思う」「そう思う」「あまりそう思わない」「そう思わない」の4件法で回答を求めた。

2 事後アンケート結果の意味付け・価値付け

　事後アンケートで得られた数値や自由記述は、活動のねらい・目的に照らして捉えることで、「達成したと判定できること」と、「達成が不十分で、新たな取組が必要だと判定されること」が明らかになります。

回答	前	後
とてもそう思う	19	30
そう思う	14	11
あまりそう思わない	6	0
そう思わない	2	0

Q1・Q2関心の高まり（人）

回答	前	後
とてもそう思う	9	25
そう思う	18	14
あまりそう思わない	11	2
そう思わない	3	0

Q3・Q4知識の深まり（人）

　活動の前後で肯定的・否定的な回答数を比較したところ、「関心の高まり」「知識の深まり」の両項目とも有意な変容が見られました。「自分事として捉え、将来のイメージができたか」の設問でも、肯定的な回答が多くを占めましたが、「自分事」をより具体化して考えさせる取組が、今後の課題と言えそうです。振り返りシートに寄せられた「妊娠しても無事に生まれてくる確率が100％ではないことに驚いた。無事に生まれてくることは当たり前じゃない」などのコメントも、生徒の学びや気付きを把握し、活動の効果を計る上での重要な情報となります。

　こうした数値や自由記述の内容を、活動のねらいとして掲げた「出産や育児を経験した方から話を聞き、自身のライフプランを考える機会とする」「赤ちゃんは24時間かわいいだけの存在ではなく、親になるには責任も伴うことを理解する」に照らして、活動担当者、保健部、担任団(学年)、職員会議、学校保健委員会などの場面で検討し、生徒の学びの姿を評価することで、各活動の成果と課題が特定されてきます。

　本節の主題である「1年間の全学年の実践の成果と課題」は大きなテーマであり、その把握は保健主事の重要な役割の一つですが、まずは各活動の継続的な振り返りと見直しから始めてみてはいかがでしょうか。

[次年度方針期：3月]

1年間の学校全体の成果をどのように価値付けるか
―組織活動を例に考える―

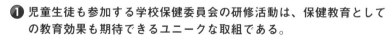

❶ 児童生徒も参加する学校保健委員会の研修活動は、保健教育としての教育効果も期待できるユニークな取組である。

❷ 家庭の関心も高い学校保健活動を適切な時期に情報発信することにより、安全・安心な居場所としての学校への信頼が高まる。

1　学校保健委員会の研修活動の取組

　ここでは、外部人材を活用した学校保健委員会の研修活動を通して、成果をどのように評価し、価値付けるかを考えてみましょう。

　緑豊かなお茶畑が広がる丘陵地に位置する愛知県西尾市立津平小学校は、組織活動の一環として、「スマホやゲームとの上手な付き合い方―子供の脳や睡眠にどのような影響を及ぼしているか―」をテーマに学校行事を開催しました。5・6年生の児童と保護者、1年生から4年生の保護者の希望者、教員のほか、市内の学校関係者も参加しました。

　内容は「あなたはどう思う？あなたならどうする？」「スマホ・ゲーム利用の現状」「スマホ時代の君たちへ」の三つの柱で、日常を振り返りながら、上手なスマホとの付き合い方を考えました。

2 学校保健目標に照らした成果の価値付け

　参加児童を対象に9項目で実施したアンケートの事前事後の比較では、「スマホやゲームとの付き合い方を友だちと話し合い、行動決定の参考とすることは大切だと思いますか」などの3項目で、有意な向上が見られました。多くの児童に学びや気付きをもたらした学校保健委員会の取組は、同校の学校保健目標である「笑顔いっぱい、心も体も元気な子の育成―生活リズムの確立と温かい人間関係づくりをめざして―」の達成に寄与したと評価できることから、同校の組織活動は大きな成果を上げたものと価値付けることができます。

3 成果の発信による信頼感の醸成

　家庭の関心も高い学校保健活動は、安心・安全な居場所としての信頼感醸成の視点から、情報発信も大切です。同校では翌月の「保健だより」に関連記事を掲載し、成果の価値をさらに高めています。

学校保健委員会を行いました！

□6月22日（水）に愛知県立瀬戸高等学校の丸山校長先生（丸ちゃん）をお招きして、5・6年生とその保護者を対象に「スマホやゲームとの上手な向き合い方」をテーマにお話をしていただきました。

□スマホやゲームの使い方について、実際に起こりうる場面で「こんな時、あなたはどう思う？」を丸ちゃんと一緒に考えました。人それぞれ嬉しいことや嫌だと思うこと、たくさんの価値観があることが分かりましたね。また、スマホやゲーム利用の現状についても知り、みなさんの生活や健康と大きく関係していることが分かりました。スマホ時代を生きるみなさんにとって、大切な内容でした。

★「スマホばっかり」にならないように自分でコントロールしよう。
　生活時間をけずることにならないように気をつけて使いましょう。自信がない人は「おうちの人に協力してもらう」「おうちの人と一緒に取り組む」ことが大切です。
★スマホの使い方に注意しよう。
　ガマンはしていませんか。みんなで使用時間のルールを話し合い、時間になったら素直に伝えましょう。
　個人情報は送信の前にちょっと立ち止まって考えてみましょう。

「保健だより」（西尾市立津平小学校、令和4年7月）から一部転載

[次年度方針期：3月]

1年間の学校全体の課題を
どのように改善するか
―保健管理を例に考える―

❶ 安定した学校生活や自己実現に大きく影響する心の健康へのケアは、学校教育活動全体の基礎となる重要な課題である。

❷ 不安や悩みを早期に把握して適切に対応する上で、保健管理の充実によるきめ細かなアプローチが期待されている。

1 学校全体の課題への学校保健からのアプローチ

　ここでは、児童生徒の実態を把握するための保健管理の活動と、そこで得られた情報の各活動への反映を通して、学校全体の課題を改善するための手順について考えてみましょう。

　文部科学省によれば、高校生等の62.3％（中学生の58.5％）が何らかの不安や悩みを抱えており、悩みの内容として、勉強や進路、自分自身のこと、友人関係など様々なことであることが指摘されています。[1]

　心の健康は、安定した学校生活や自己実現に大きく関係することから、不安や悩みを早期に把握し適切に対応することは学校全体の課題であり、保健管理の充実によるきめ細かなアプローチが期待されています。

2 学校生活への不安要因の把握

　ある高等学校では、悩みや不安を一人で抱え込むことなく、学校生活への適応を支援するため、4月と1月に「スマイルアンケート」、9月に「いじめ発見アンケート」を実施して把握に努めています。

```
                    スマイルアンケート
                              年　組　番　氏名＿＿＿＿＿＿
　新年度を迎えるにあたり、あなたが「安心・安全な学校生活」を送るために、心配
なことなどについて聞きます。不安に思っていることや、相談したいことがあれば書
いてください。健康、学習（授業）、進路、人間関係、部活動、家庭のことなど、どん
なことでもかまいません。



┌─┐←この用紙に書きにくいなど、直接相談したい人は左の□に✓を書いてください。
│ │　相談したい人
└─┘　　担任□、保健室の先生□、部活動の先生□、その他（　　　先生）、
　　　　スクールカウンセラー□、スクールソーシャルワーカー□
```

　入学直後の１年生では、学年の半数を超える生徒から「人間関係」「勉強・学習」「部活動」「進路」などについてのコメントが寄せられ、様々な不安を抱えながら高校生活をスタートしていることが分かります。学習面の不安は教科担任とも共有し、つまずきの早期対応に活用しています。

入学当初の悩み・不安(%)

その他 7.7
進路 9.6
部活動 10.6
人間関係 36.5
勉強・学力 35.6

3 支援を要する生徒へのサポート

　把握した情報は、担任、部活動顧問等と共有します。担任は面談での資料とするほか、人間関係の観察や調整に役立てます。毎週月曜１限に定期開催される相談委員会では、支援を要する生徒の状況や、前週に保健室を訪れた生徒の様子を報告し、支援のための情報を共有します。

　「安定した学校生活の支援」を学校保健の立場からサポートするこうした取組は、学校全体の課題の改善に大きく貢献しています。

───────────────────────────────

1　「健康な生活を送るために（令和２度版）【高校生用】」p.2（文部科学省）

［次年度方針期：3月］

どのようなプロセスを経て次年度の方向性を決定するか

❶ 学校保健を学校経営の一部門として捉えると、目標設定には経営学の知見を援用することができる。

❷ 事後アンケートの数値や記述を、児童生徒や学校の実態に照らしてどう意味付け・価値付けするかが重要である。

1　目標設定のための六つの視点

　学校保健を学校「経営」の一部門と捉えると、経営学の知見が参考になります。ここでは次年度の方向性についての「意思決定」のプロセスについて考えましょう。事業の目標は次の六つの視点で設定します[1]。

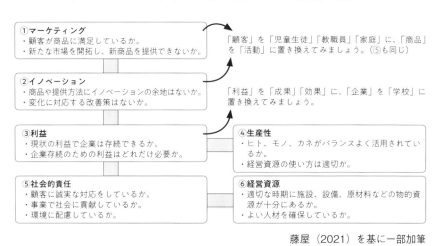

藤屋（2021）を基に一部加筆

1　藤屋伸二『ドラッカーの教え見るだけノート』pp.28-29（宝島社、2021年）

2 意思決定のプロセス

　一般に学校における意思決定はビルドアップ型で行われることが多く、最終的に校長決裁を経て実施に移されます。学校保健においては、各活動担当者の提案・見直し案→保健主事（保健部会での検討）→運営委員会での検討→職員会議での検討を経て校長決裁に進みます。

　組織の意思決定には、六つのプロセスがあるという経営学の考え方があります[2]。これを学校保健に当てはめて整理してみましょう。

①問題の定義 ・何が問題なのかを正しく知る。 ・児童生徒の健康課題、学校を取り巻く健康安全上の課題を洗い出す。	発育・発達、感染症、栄養状態、歯と口の健康、メンタルヘルス、事故・災害、学校環境衛生、健康教育について、実態に照らして問題点を洗い出します。

②意思決定の目的と目標の確認 ・何のために意思決定するのかを明確にする。 ・目指す児童生徒像を確認する。	学校教育目標、学校保健目標に照らして、ゴールとする児童生徒像を確認し、そのために学校保健でどのような資質・能力を育成するのかを検討します。

③複数の解決策の検討 ・様々な視点から問題を眺める。 ・近隣他校や先進校の事例も参考に、本校の最適解を検討する。	本校の抱える問題に最も適した解決策を検討します。インターネット等のほか、近隣他校の取組の情報収集には、保健主事のネットワークを活用しましょう。

④実行手段への落とし込み ・具体的な手段方法を組み立てる。 ・外部人材を活用するか、フィールドワークは可能かなどを検討する。	解決策の方向性が定まったら、具体的な手段・方法を組み立てましょう。前年度の反省、学年からの情報等を踏まえつつ、事務部門と予算面の確認も必要です。

⑤実行 ・解決策を実行する。 ・ICT活用、活動内容の記録、振り返りにより評価の材料を確保する。	事業改善のためには、アンケート等による評価の材料の確保が不可欠です。情報共有や周知広報のためにも、講演内容や写真等の記録を確実に残しましょう。

⑥結果の評価 ・振り返りを行い、結果を評価する。 ・①の解決に効果はあったか、学校保健目標へ貢献したかを重視する。	感想等の率直なコメントの分析のほか、事前事後のアンケートの比較による意識変容を把握することも、児童生徒の学びを確認するために有効です。

2　藤屋伸二『ドラッカーの教え見るだけノート』pp.36-37（宝島社、2021年）

[次年度方針期：3月]

次年度は新規のテーマにするか、継続するか

❶ 次年度テーマ（重点目標）検討の視点には、本年度重点目標の達成度、児童生徒の健康課題、社会の動向などがある。

❷ 各活動の検討の視点には、活動の評価、内容、外部人材の活用状況、目標の達成度、費用対効果などがある。

1 次年度テーマ（重点目標）の検討の視点

　ここでは、次年度テーマ（重点目標）の検討手順について考えてみましょう。検討の視点として、次の三つが挙げられます。

■ 本年度テーマ（重点目標）の達成状況の評価

　保健教育、保健管理、組織活動について、本年度の達成状況を評価することが第一のステップとなります。所期の目標を達成した項目、目標達成には至っていない項目を整理して、継続するか否かを決定します。

② 本校の児童生徒の健康課題の確認

　児童生徒の様子から、本年度の重点目標には含まれていない内容で、新たに盛り込むべき健康課題の有無を検討します。健康診断や新体力テストの結果、日常の児童生徒の健康観察、保健室来室状況、相談委員会への報告内容など、日頃の情報収集が生かされます。

③ 社会の動向の把握

　健康・安全に関する社会の動向にも留意が必要です。文部科学省はじめ国・都道府県・市町村等からの指導や指針、感染症情報など地域の状況に対してアンテナを張り、重点目標設定の参考とする姿勢が大切です。

84　次年度は新規のテーマにするか、継続するか

2 各活動の"新規か継続か"Yes-Noチャート

　重点目標が決定したら、それらを実現に導くための各活動の内容検討に移ります。下図は、各活動の「継続 or 新規立ち上げ」の判断の視点を模式的に示したものです。「継続する」の判断材料として、左側縦列に「活動の評価」「内容」「外部人材の活用」を配置しました。

　実際の判断には、「目標の達成感」「費用対効果」など、他にも様々な状況判断が加わりますので、あくまでも参考としてください。

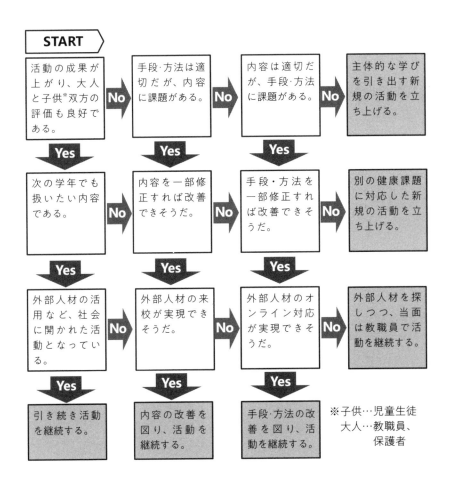

学校保健計画
（年間計画）例：小学校

❶ 保健主事が養護教諭の協力のもとに、策定の中心となる。

❷ 全教職員の協力による計画立案が基本となる。

1 計画立案の考え方

■目標について

　学校評価を十分に生かし、児童や地域の実態、学校規模等に即して自校の実情に合った目標を設定します。

　学校の教育方針（教育目標や努力事項）や年間の行事計画等との調整を図りながら実施の重点事項を精選し、目標を設定します。

■保健管理について

　学校の実態を把握し、学校保健に関する活動の時期や内容を設定します。

　関連する各組織との連絡・調整を図り、実際に学校保健活動に携わる学級担任等の意見なども調整します。

■保健教育について

　学校保健に関わる教育活動において、教育課程の領域の特性（学級活動、日常生活及び行事における指導、各教科等）のバランスを配慮しながら時期や内容を設定します。

■組織活動について

　関係教職員の役割や児童会活動、ＰＴＡとの関連も明確になるようにします。

2 学校保健計画例

○○小学校　学校保健計画

1 **学校教育目標**：国際社会の中で、日本人としての自覚をもって生きようとする、心身ともに健康でたくましく、創造力と実践力に満ちた、心豊かな児童の育成を目指す。
- 自ら学び自分をのばす子　　　（よく学ぶ子）
- 心豊かで思いやりのある子　　（やさしい子）
- 健やかでたくましい子　　　　（元気な子）

2 **学校保健目標**：心身共に健康で明るく日常生活を営むための基本的な資質・能力を養うことができる児童の育成

（知識・技能）
　身近な健康課題を理解し、健康な生活を実現するために必要な基礎的な知識や技能を身に付けていること。
（思考力・判断力・表現力等）
　自らの健康状況を適切に評価するとともに、必要な情報を収集し、健康な生活を実現するために何が必要かを考え、適切に意思決定し、行動するために必要な力を身に付けていること。
（学びに向かう力・人間性等）
　身近な健康課題に関心をもち、積極的に健康な生活を実現しようとする態度を身に付けていること。

3 **重点目標**
（1）心身の発達について正しく理解させ、自分の発育状況や健康状態に関心をもち、健康の保持増進に努めようとする態度を育成する。
（2）疾病の予防に努め、健康な生活を送るための知識と意欲をもたせる。
（3）自分や他人の生命を大切にする意識をもたせる。

4 **指導の方針**
（1）定期健康診断・健康観察を適切に実施し、疾病の早期発見に努め、事後措置の徹底を図る。
（2）学校保健計画に基づいて、保健教育の充実を図る。
（3）教科・学級活動・学校行事等で保健安全に関して学習したことを定着させるため、教育活動全体を通して継続的に指導を行う。

3 学校保健計画（全体計画・年間計画）例

　学校保健計画の作成に当たっては、計画の基本となる保健管理、保健教育及び両者を推進するための役割をもつ組織活動の3領域について、活動の内容を明らかにし、学校行事との関連が分かるようします。

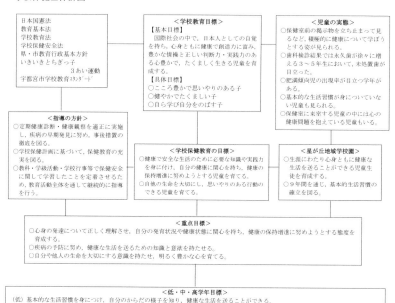

学校保健年間計画

月	目標	関連行事	保健管理			保健教育			組織活動	
			心身	生活	環境	学級活動（1単位時間での指導）	日常生活及び行事における指導	教科	児童会活動（健康委員会）	学校保健委員会 PTA
4	自分の体を知ろう	・始業式 ・入学式 ・定期健康診断 ・安全点検（毎月）・家庭訪問 ・授業参観	定期健康診断 緊急連絡体制の確認 健康観察・健康相談 健康調査・アレルギー調査	緊急連絡カードの作成 トイレ、水道の使い方 歯みがき指導 保健だよりの発行（毎月）清掃の仕方	水質検査（毎日）安全点検（毎日）トイレ水道の整備 机・いすの整備 教室の環境整備 保健室整備		・健康診断の受け方 ・水道とトイレの使い方 ・歯の磨き方歯ブラシの選び方 ・清潔検査 ・保健室の利用の仕方		・常時活動 （せっけんの補充）（給食時の放送）・組織作り ・年間活動計画	
5	身の回りをきれいにしよう	・定期健康診断 ・遠足 ・交通安全教室 ・避難訓練 ・修学旅行6年	定期健康診断 健康診断の事後措置 健康観察・健康相談	うがい手洗いの励行 修学旅行前の保健指導 健康観察・健康相談	給食衛生検査 プールの清掃と施設の点検整備	4年 目の健康	・手の洗い方 ・健康診断の結果 ・尿・寄生虫検査 ・机いすの調整	【社会】4年 安全できれいな水をつくるために 【総合】6年 夢に向かって	・常時活動 ・歯と口の健康	
6	歯と口を大切にしよう	・定期健康診断 ・プール開き・避難訓練 ・歯と口の健康週間 ・ウォークラリー・教育相談週間 ・4年宿泊学習 ・歯の健康教室 ・AED・心肺蘇生研修	定期健康診断 健康診断の事後措置 プール利用における健康管理と救急体制 健康観察・健康相談 歯みがき指導 ぎょう虫の駆除	歯と口の健康週間 光化学スモッグ発生時の対策 つゆ時の衛生 室内遊びの安全	環境衛生管理 プールの衛生管理 飲料水水質検査	1年 きれいな歯 2年 大切な歯 3年 かむことと健康	・歯の衛生強化月間 ・病気の治療の様子 ・つゆ時の衛生 ・プールのきまり	【道徳】1年 おたんじょうびカード	・常時活動 ・歯と口の健康	心肺蘇生法講習会
7	夏を元気にすごそう	・市水泳競技大会 ・授業参観 ・個人懇談	健康診断の事後措置 健康観察・健康相談 心臓・腎臓精密検査への指導 プール利用における健康管理と救急体制 保健統計のまとめ う歯の治療勧告	夏休みの保健指導 規則正しい生活の励行 プール利用における健康管理と救急体制 賢障活動教室事前保健指導	プール水質検査 プールの衛生管理 水道、トイレの清潔		・プールの使い方 ・光化学スモッグと酸性雨 ・夏の病気の予防 ・おやつの選び方	【保健】5年 けがの防止（4）6年 病気の予防（4）	・常時活動 ・熱中症予防 ・集合準備	
8・9	規則正しい生活をしよう	・身体計測 ・交通安全教室 ・運動会 ・プール納め	体位測定 夏休み健康調査 運動会練習時の健康管理 健康観察（強化）・健康相談	夏休みの生活反省 規則正しい生活の励行 汗のしまつ 宿泊学習事前保健指導	運動場の整備 運動器具の安全点検 机いすの適正配置 プールの衛生管理 ダニ又はダニアレルゲン検査	4年 食事と体の成長	・身体計測 ・規則正しい生活 ・けがの手当て ・汗の始末		・常時活動 ・集合 ・1学期の反省	
10	目を大切にしよう	・視力検査・目の愛護デー ・1学期終業式 ・2学期始業式 ・就学時健康診断	視力検査と事後措置 健康観察・健康相談 疾病治療状況の把握	よい姿勢の指導 テレビの見方 ゲームの遊び方 秋休みの保健指導	照度検査 カーテンの整備 照明器具の清掃 給食衛生検査		・目の愛護デーについて ・正しい姿勢	【生活】1年 自分でできるよ	・常時活動 （せっけんの補充）（給食時の放送）・歯と口の健康	
11	食生活を見直そう	・市陸上競技大会 ・いい歯の日 ・山野横断持久走大会	歯垢テスト・歯みがき指導 かぜの予防 健康観察・健康相談 長距離走の健康管理	歯の衛生強化月間 手洗いうがいの励行 戸外運動の奨励 室内遊びの安全	暖房器具の点検 防火設備の点検	5年 男女の協力 4年 おやつの選び方	・かぜの予防 ・外で元気に遊ぼう ・清潔な生活習慣	【家庭】5年 食べて元気に	・常時活動 ・給食週間準備	
12	寒さにまけない体をつくろう	・全市一斉土曜授業	かぜインフルエンザの予防 健康観察（強化）・健康相談 かぜの罹患状況把握 う歯の治療勧告	手洗いうがいの励行 衣服の調整 冬休みの保健指導	消火器の点検 教室の換気 清掃強化週間		・換気の仕方 ・戸外遊び ・手洗いうがいの励行	【保健】6年 病気の予防（4）	・常時活動 ・給食週間準備 ・かぜ、インフルエンザ予防	
1	かぜに負けない体をしよう	・身体計測 ・薬物乱用防止教室 ・教育相談週間 ・避難訓練	かぜインフルエンザの予防 体位測定 健康観察（強化）・健康相談 かぜの罹患状況把握	手洗いうがいの励行 衣服の調整 戸外運動の奨励	教室の保温と換気 ストーブの安全な使用 机いすの適正配置 給食室衛生検査	2年 おへそのひみつ 5年 情報と私たちの生活	・規則正しい生活（冬休みの反省）・かぜインフルエンザの予防 ・身体計測	【保健】3年 毎日の生活と健康（4）5年 心の健康（4）【理科】5年 ヒトのたんじょう	・常時活動 ・給食週間	学校保健給食委員会
2	戸外で元気にあそぼう	・授業参観 ・スケート競技大会 ・6年生を送る会	かぜインフルエンザの予防 健康観察（強化）・健康相談 かぜの罹患状況把握	手洗いうがいの励行 衣服の調整 戸外運動の奨励	教室の保温と換気 ストーブの安全な使用	1年 大切な体をきれいに 3年 大切な命 4年 不審電話への対処の仕方 6年 携帯電話	・体をつくる食べ物 ・手洗いうがいの励行	【理科】4年 育ちゆく体とわたし（4）	・常時活動 ・1年生の反省	
3	健康生活を反省しよう	・卒業式 ・修了式	健康観察・健康相談 健康生活の反省 疾病治療状況の把握 諸統計の整理	耳の健康 治療勧告 春休みの保健指導	清掃強化週間 清掃用具の点検 保健室整備		・耳の健康 ・健康生活の反省		・常時活動 ・新体制の引継ぎ	

学校保健計画
（年間計画）例：中学校

❶ 保健教育、保健管理、組織活動を適切に位置付ける。

❷ 学校保健活動の関係者と協力して作成する。

❸ 学校全体や年間のバランスを考えて作成する。

1 保健教育について

　保健教育に関わる教育活動について、各学年、関連教科や特別活動の担当者、学校行事の主担当者等と、指導する内容や時期などについて、バランスに配慮しながら調整を図りましょう。

　なお、保健教育との関連教科等の内容については、『中学校学習指導要領解説　総則編』付録の「心身の健康の保持増進に関する教育（現代的な諸課題に関する教科等横断的な教育内容）」を参考にし、教育目標や生徒の実態を踏まえた上で、内容を盛り込み、カリキュラム・マネジメントを行いましょう。

2 保健管理について

　保健管理のそれぞれの内容について、学校保健安全法をはじめ自校の保健関係行事、学校行事、保健教育などとの関連を確認し、適切な時期に設定されているか調整しましょう。

　また、学級担任や養護教諭、各教科や部活動担当者、家庭、学校医、

学校歯科医、学校薬剤師、保健師をはじめ地域関係者などとの連携も明確にしておきましょう。

3 組織活動について

当該年度の学校保健の重点目標に関する内容を確認し、生徒保健委員会の活動や学校保健委員会の開催までの予定などを確認しましょう。

（例）学校保健全体計画

令和〇年度　学校保健全体計画

（例）学校保健年間計画

令和○年度　学校保健年間指導計画
学校保健目標：自他の命と健康を守り育てる力を持つ生徒の育成

月			4月	5月	6月	7月	8〜9月
学校行事・学校保健関係行事			入学式・始業式 身体計測・視力 聴力・検尿・避難訓練	耳鼻科検診・歯科検診・貧血検査・内科検診・修学旅行・	スポーツ大会 内科検診・心臓検診・X線 学校保健学習会	大掃除・終業式	身体測定・職場体験・避難訓練・歯科指導
保健管理	対人管理		・健康観察 ・保健調査 ・要観察生徒の確認 ・健康診断と事後措置	・健康観察 ・健康診断と事後措置 ・修学旅行前健康調査 ・健康相談	・健康観察 ・健康診断と事後措置 ・要配慮生徒への対応（スポーツ大会）	・健康観察 ・熱中症の予防 ・未治療者の把握 ・再度受診のお勧め ・夏休みの健康管理	・健康観察 ・健康診断票の整理 ・身体測定 ・治療報告回収 ・心の健康への配慮
	対物管理		・保健室整備 ・医薬品の点検 ・机椅子の調整 ・水質検査	・教室の環境整備 ・水質検査 ・給食室の点検	・梅雨時の校内点検 ・水質検査 ・トイレ、ごみ等の点検	・大掃除 ・水質検査 ・ダニ検査	・備品点検 ・水質検査 ・机・椅子の調整 ・医薬品の点検
保健教育	関連教科	社会	世界の姿［1年］ 日本の地域的特色［2年］ 世界に向かう世論［3年］	日本の姿・人々の生活と環境［1年］ 武士による全国支配の完［2年］ 第二次世界大戦［3年］	歴史の流れと時代［1年］ 社会の変化と幕府の対策［2年］ これからの日本と世界［3年］	人類の登場から文明の発生へ［1年］ 九州地方［2年］ 現代社会の特色と私たち［3年］	展開する天皇・貴族の政治［1年］ 中国・四国・］近畿地方［2年］ 現代社会の見方や考え方［3年］
		理科	理科室のきまり［1年］ 化学変化と原子・分子［2年］ 運動とエネルギー［3年］	生物の世界［1年］ 化学変化と原子・分子［2年］ 運動とエネルギー［3年］	生物の世界［1年］ 化学変化と原子・分子［2年］ 生命のつながり［3年］	物質のすがた［1年］ 生物の体とはたらき［2年］ 生命のつながり［3年］	物質のすがた［1年］ 生物の体とはたらき［2年］ 自然界のつながり［3年］
		技術・家庭	日常着の活用［1年］ 食生活と栄養［2年］ 家族・家庭と地域［3年］	材料と加工の原理・法則と仕組み［1年］ 生物を育てる技術の特徴［2年］ 家族・家庭と地域［3年］	日常着の手入れ［1年］ 献立作りと食品の選択［2年］ 幼児の生活と家族［3年］	材料と加工の技術による問題解決［1年］ 生物を育てるための計画と管理［2年］ 幼児の生活と家族［3年］	材料と加工の技術による問題解決［1年］ エネルギーの変換と利用［2年］ 幼児の生活と家族［3年］
		保健体育		健康な生活と疾病の予防［1年］	健康な生活と疾病の予防［2年］	健康な生活と疾病の予防［3年］	
	道徳			あの日生まれた命［3年］	命が生まれるそのとき［2年］	ひまわり［1年］	命の選択［3年］
	総合的な学習				身近な人の職業調べ［2年］		身近な環境問題［1年］
	学級活動		朝食の役割 <T．T> ［1年・食育］	異性とよりよい関わり方を考えよう［2年・性指導］	運動効果を高める食事 <T．T> ［2年・食育］ ゲートキーパー講座［1年・心］		歯科指導 <歯科衛生士> ［全学年］ かけがえのない命［1年・性指導］
				ピアサポートの取組	ピアサポートの取組	ピアサポートの取組	ピアサポートの取組
	保健室掲示		健康診断	元気な体にするために	歯や歯肉の健康	夏の健康	けがの予防
組織活動	生徒保健委員会		水質検査・石鹸 組織作り	水質検査・石鹸 歯みがきチェック	水質検査・石鹸 保健学習会	水質検査・石鹸 歯みがきチェック	水質検査・石鹸 歯みがきチェック
	学校保健委員会			保健学習会　：　ピアサポート		学校保健委員会　：　自己肯定感を高めるために	

92　学校保健計画（年間計画）例：中学校

○○中学校

10月	11月	12月	1月	2月	3月
	三者面談・学校保健委員会	情報モラル教室 大掃除・終業式	身体測定	立志式	卒業式
・健康観察 ・疾病治療状況把握 ・健康相談（視力）	・健康観察 ・歯みがき強化	・健康観察の強化 ・うがい、手洗い、咳エチケットの励行 ・冬休みの健康管理	・健康観察の強化 ・身体測定 ・心の健康への配慮	・健康観察の強化 ・うがい、手洗い、咳エチケットの励行	・健康観察 ・保健活動の反省 ・次年度の学校保健計画の作成
・照度検査 ・黒板検査 ・水質検査	・保健室の加湿清浄器準備 ・水質検査	・教室の保湿、保温、換気 ・教室の加湿清浄器設置	・医薬品の点検 ・教室の加湿清浄器の管理 ・水質検査	・水道水の検査 ・教室の加湿清浄器の管理 ・教室の換気	・水道水の検査 ・教室の加湿清浄器の管理 ・保健室の整理
世界の諸地域［1年］ 中部地方・関東地方［2年］ これからの人権保障、国の政治の仕組み［3年］	世界の諸地域［1年］ 東北地方・北海道地方［2年］ 地方自治と私たち・消費生活と市場経済［3年］	武家政権の内と外［1年］ 地域の在り方・欧米諸国における近代［2年］ 生産と労働・市場経済の仕組みと金融［3年］	人々の結びつきが強まる社会［1年］ 開国と幕府の終わり［2年］ 財政と国民の福祉・これからの経済と社会［3年］	戦乱から全国統一へ［1年］ 近代国家への歩み・帝国主義の日本［2年］ さまざまな国際問題・これからの地球社会と日本［3年］	まとめ［1年］ アジアの強国の光と影［2年］ よりよい社会をめざして［3年］
身近な物理現象［1年］ 生物の体とはたらき［2年］ 化学変化とイオン［3年］	身近な物理現象［1年］ 電流とその利用［2年］ 化学変化とイオン［3年］	身近な物理現象［1年］ 電流とその利用［2年］ 化学変化とイオン［3年］	大地の変化［1年］ 電流とその利用［2年］ 地球と宇宙［3年］	大地の変化［1年］ 気象の仕組みと天気の変化［2年］ 地球の明るい未来のために［3年］	大地の変化［1年］ 気象の仕組みと天気の変化［2年］ 地球の明るい未来のために［3年］
材料と加工の技術による問題解決［1年］ 調理と食文化［2年］ 幼児の生活と家族［3年］	材料と加工の技術による問題解決［1年］ 調理と食文化［2年］ 幼児の生活と家族［3年］	環境に配慮した衣生活［1年］ 調理と食文化［2年］ 幼児の生活と家族［3年］	住まいの働き［1年］ 私たちの消費生活［2年］ これからの私と家族［3年］	健康で安全な住まい［1年］ 私たちの消費生活［2年］ これからの私と家族［3年］	住まいと地域［1年］ 環境に配慮した消費生活［2年］ これからの私と家族［3年］
	心身の機能の発達と心の健康［1年］	傷害の予防［2年］	健康と環境［3年］		
捨てられた悲しみ［1年］	つながる命［2年］		泣きすぎてはいけない［1年］ 命と向き合う［3年］	エルマのおばあさんからの「最後の贈り物」［1年］	
身近な環境問題［1年］ 下仁田の良さを広めよう［3年］	下仁田のたからもの［1年］		郷土料理を作ろう［2・3年］		
リフレーミング 自分で高める自己肯定感［1年・心］ <SCとTT>	上手に食べて賢くなろう受験期の食事＜T.T＞［3年・食育］ 感情を味方につけよう＜SCとTT＞［2年・心］	性感染症・エイズ予防教室［3年・性指導］		自己理解25歳の自分からの手紙［3年・心］ <SCとTT>	
ピアサポートの取組	ピアサポートの取組	ピアサポートの取組	ピアサポートの取組	ピアサポートの取組	ピアサポートの取組
目を大切に（栄養面を含む）	体を鍛える（栄養面も含む）	かぜの予防（栄養面も含む）	インフルエンザ予防	心の健康	耳の健康
水質検査・石鹸 学校保健委員会準備	水質検査・石鹸 学校保健委員会	水質検査・石鹸 教室の加湿清浄器の管理	水質検査・石鹸 教室の加湿清浄器の管理	水質検査・石鹸 教室の加湿清浄器の管理	水質検査・石鹸 教室の加湿清浄器の管理
本年度の反省・次年度へ向けて					

学校保健計画
（年間計画）例：高等学校

❶ 学校の現状に則した実効性のある学校保健計画を立案するためには、学校教育全体を展望した目標・方針を設定する。

❷ 学校保健目標を達成するため、適切な時期に各活動等を設定する。

❸ 実験・実習に伴う危険が予測される専門学科では、当該学科教職員と十分検討し、安全対策と評価項目を設定する。

1 学校保健計画の基礎（学校保健目標の設定）

学校の現状に則した実効性のある学校保健計画を立案するためには、学校教育活動全体を展望した目標・方針の設定が重要です。

1　学校教育目標[1]の設定例
(1)　物事の考え方や学び方を身に付け、生涯にわたり自らを高めようとすることができる人を育てる。
(2)　共に生きる人々や公共のルールを尊重し、当事者として社会に参加することができる人を育てる。
(3)　自他のかけがえのない心と体を大切にして、健康のための意思決定と行動選択ができる人を育てる。

2　学校保健目標の設定例 （主に学校教育目標(3)の達成を目指して設定）
(1)　自他を大切にする在り方生き方を見つけ、身に付けるための教育活動を充実する。〔→保健教育〕

94　学校保健計画（年間計画）例：高等学校

(2)　健やかな学校生活と自己実現を支援するため、心身の状態の把握に努め、一人一人に寄り添う保健指導を充実する。〔→保健管理〕

(3)　社会に開かれた教育課程の趣旨を生かし、地域や家庭との連携・協働によって学校保健活動を充実する。〔→組織活動〕

3　三つの資質・能力の設定例

（知識・技能）

　様々な健康課題、健康な社会づくりの意義を理解し、健康な生活を実現するために必要な知識や技能を身に付けていること。

（思考力・判断力・表現力等）

　自他や社会の健康状況を適切に評価するとともに、必要な情報を収集し、健康な生活を実現するために何が必要かを考え、適切に意思決定し、行動するために必要な力を身に付けていること。

（学びに向かう力・人間性等）

　自他や社会の健康課題に関心をもち、主体的に健康な生活を実現しようとしたり、健康な社会づくりに貢献しようとしたりする態度を身に付けていること。

1　「愛知県立瀬戸高等学校スクール・ポリシー」（目指す生徒像）を一部改変

2 学校保健計画（年間計画）の設定例（1学期）

学校保健目標を達成するため、適した時期に各活動等を設定します。

月	保健教育		保健管理		組織活動
	教科等	特別活動	心身・生活	環境	
4	【保健】 1年：健康の考え方 2年：生涯の各段階における健康	保健室の利用について 保健委員会設置 学習環境の整備 性に関する健康教育（3年）	公簿の点検 定期健康診断 保健調査 健康観察 健康相談 スマイルアンケート	保健室の整備 清掃区域の決定	相談委員会 大掃除 現職研修 （エピペン対応）
5	【保健】 1年：現代の感染症とその予防 2年：生涯の各段階における健康 【公民】 マイクロディベートを例に	健康診断の事前指導 身体計測、体力・運動能力テストの補助 生徒保健委員会 （ほけんだより）	定期健康診断 健康観察 遠足の健康管理 （アレルギー等）	飲料水の検査 （水質・施設・設備） 遠足救急用品の準備	相談委員会 身体計測、体力・運動能力テスト
6	【保健】 1年：生活習慣病などの予防と回復 2年：労働と健康 【生物基礎】 ヒトの体の調節	食中毒の予防 熱中症の予防 生徒保健委員会 （ほけんだより）	定期健康診断 健康観察 保健アンケート	照度検査 教室の換気 プールの清掃 濾過器の確認 プール水質確認	相談委員会
7	【保健】 1年：喫煙、飲酒、薬物乱用と健康 2年：環境と健康 【家庭基礎】 食生活と健康	性に関する健康教育（2年） 熱中症の予防について 夏休み中の健康管理について	部合宿事前検診 健康観察 色覚検査（希望した生徒）	教室の換気 教室の空気検査 揮発性有機化合物の検査 光化学スモッグへの対応 プール水質確認	相談委員会 大掃除 ワックス掛け

第 **3** 章

具体的な取組例

学校保健委員会

　学校保健委員会は、児童生徒の健康づくりを推進するために各学校が組織する委員会です。この委員会は、昭和33年、学校保健法等の施行に伴う文部省の通知において、学校保健計画に規定すべき事項として位置付けられました。

　学校保健委員会を機能させることによって、学校保健の充実を実現している学校や、協力して地域学校保健委員会を組織している地域もあります。

　児童生徒の健康問題を解決し望ましい健康づくりにつなげるためには、学校・家庭・地域の連携が欠かせません。そのためには、学校と家庭、地域を結ぶ組織として学校保健委員会の構成メンバーを考え、学校、家庭、地域の関係機関などの連携による効果的な保健活動につながるようにしていくことが大切です。

1　組織構成

　学校保健委員会の構成員は、学校が中心となりつつ、家庭、地域の人材をバランスよく配置します。例えば、学校は、校長、教頭、養護教諭をはじめ児童生徒主任や学習指導主任などの関係教職員、学校医、学校歯科医、学校薬剤師、さらには児童生徒代表が考えられます。家庭は、PTA会長や保健部長、各学年の保護者代表等が考えられます。地域は、地域の専門機関の職員、教育委員会学校保健担当者、市区町村の保健行政担当者などが考えられます。学校保健委員会の組織も固定的、画一的に捉えるのではなく、学校が当面している健康課題の解決を目指すなど、

学校や地域の実情に応じてより機能的な組織となるよう考え、その年度の方針に即して弾力的なものにすることが大切です。

2 企画・運営

　学校保健委員会は学校と家庭・地域を結ぶ機会であり、保健主事が中心となり企画・運営に当たります。

　学校保健委員会の企画に当たっては、テーマ選びが重要となります。できるだけ具体的なテーマにし、現状の課題を捉え、その解決のための協議を行うようにします。テーマが決まったら、委員会の日時や場所、ねらい、参集者、事前の準備、議事の展開等が盛り込まれた運営案を作成し、計画的に委員会が開催できるように準備することになります。

　運営方法については、学校の実情により違いはありますが、児童生徒の健康の保持増進や心身の健康問題が話し合われ、解決の方向に動き出せるような運営を心がけることになります。実際の委員会では、学校と家庭の役割を明確にし、委員会で協議された事項を実践に移すことができるように協議を進めることが鍵になります。そのためには、実践の手立てがイメージできる解決方法等を明確にし、実践後の評価についても協議することを忘れないようにしましょう。

3 地域学校保健委員会

　学校保健を充実し、現代的な健康課題に適切に対応するためには、学校や家庭のみならず、地域の関係機関を含めた地域レベルの組織体制づくりが不可欠です。例えば、中学校区などを単位とした地域で、各学校の学校保健委員会を連携させ、地域学校保健委員会に拡大する取組が出てきています。地域学校保健委員会を開催することで、各校の共通する健康課題について地域をあげて検討することができ、幼い子供から中・高校生まで長いスパンで健康推進を図ることが可能となるのです。

事例：小学校

学校保健委員会の取組

❶ 学校が当面している問題を解決するのにふさわしい、より機能的な組織や運営を考えます。

❷ 協議された事項は実践に移し、問題解決が図られるようにします。

1 学校保健委員会の設置（校務運営規定）

学校保健計画の適切な立案と組織的かつ効果的な実施を推進するため、学校保健委員会を設置します。

○○小学校保健委員会

1 目　的	学校保健に関する校長の諮問機関として、学校保健に関する問題を審議し、本校児童・職員の心身の健康保持増進を図るため、健康で安全なその実践を推進するための研究協議を行う。

2　構　成　　（1）学校関係　　校長、副校長、教務主任、学年主任、児童指導主任、保健主事、養護教諭、体育主任、学校安全教育主任、食育主任、学校栄養士、教育相談主任、必要に応じて児童会代表児童
　　　　　　　（2）校医関係　　学校医（内科、耳鼻科、眼科）、学校歯科医、学校薬剤師
　　　　　　　（3）保護　者　　PTA会長、PTA副会長、体育部長、学年委員会（各学年代表）

3　運　営　　この会は、原則として年1回開催し、その他は校長が必要に応じて開催する。
　　　　　　　（1）議題は、急を要する問題から取り上げる。
　　　　　　　（2）議長は、校長が委嘱する。

4　内　容　　学校保健安全計画の立案・実施・評価
　　　　　　　（1）保健衛生施設の改善充実
　　　　　　　（2）児童・職員の健康保持増進に関する事項
　　　　　　　（3）児童の安全の保持、体力の向上に関すること
　　　　　　　（4）保健関係の調査研究の報告
　　　　　　　（5）健康診断の事後措置・疾病の治療についての実践と評価
　　　　　　　（6）その他目的遂行に必要な事項

2 実施計画

　専門的事項の研究や実践上の諸問題を協議するなど、学校保健の推進的役割をもつ委員会として、その機能を保健活動に十分活用し、成果を高めていくことが必要です。

令和○年度　学校保健委員会　実施計画

1　目的
　　学校保健に関する校長の諮問機関として、学校保健に関する問題を審議し、本校児童・職員の心身の健康保持増進を図るため、健康で安全なその実践を推進するための研究協議を行う。

2　構成委員
（1）　校長、副校長、教務主任、学年主任、児童指導主任、保健主事、養護教諭、体育主任、学年主任、学校安全教育主任、食育主任、学校栄養士、教育相談主任、必要に応じて児童会代表児童
（2）　学校医（内科、耳鼻科、眼科）、学校歯科医、学校薬剤師
（3）　PTA会長、PTA副会長、体育部長、学年委員会（各学年代表）

3　日時・場所
　　令和○年1月24日（水）10：20～11：20　家庭科室

4　内容
　　10：10～10：20　　　受付
　　10：20～10：25　　　開会
　　　　　　　　　　　　校長あいさつ
　　10：25～10：40　　　報告①学校保健安全に関すること（養護教諭）
　　　　　　　　　　　　　　②学校給食に関すること（学校栄養士）
　　10：40～11：10　　　調理実習（目の健康を考えたおやつ）
　　11：10～11：20　　　学校三師　指導助言
　　11：20　　　　　　　閉会

5　役割分担
　　実施計画作成　　　　　保健主事
　　資料作成　　　　　　　養護教諭、学校栄養士、食育主任
　　校医連絡調整　　　　　養護教諭
　　出欠確認（PTA）　　　学校栄養士
　　会場準備　　　　　　　教務主任、養護教諭、学校栄養士
　　進行　　　　　　　　　副校長
　　記録　　　　　　　　　教務主任

3 報告資料（抜粋）

　学校保健委員会の報告資料について、「学校保健安全に関すること」（養護教諭の説明）と「学校給食に関すること」（学校栄養士の説明）を紹介します。

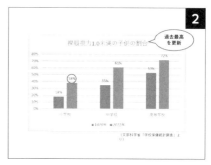
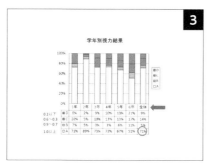
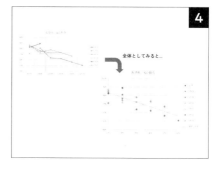
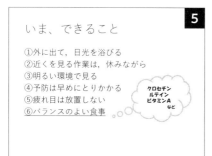
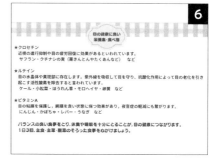

4 関係資料

学校保健委員会の関係資料について、「開催通知」「開催要項」「調理実習のレシピ（目の健康を考えたおやつ）」「指導助言資料（学校薬剤師）」を紹介します。

事例：中学校

学校保健委員会の取組
「ピアサポート活動」

　各クラスで行った学級生活アンケート結果をもとに、教室が誰にとってもいやすい場所になるように、学校保健委員会で提案・協議し、全校でピアサポート活動を実施していった事例を紹介します。

1 開催までの主なスケジュールを考える

5月　・保健部で学校保健委員会の内容等について話し合う。
　　　・学校保健委員会について管理職に相談する。
7月　・各クラスでアンケート調査を実施し、集計・分析する。
8月　・保健部でピアサポートについて学ぶ。
9月　・学校医等、関係者の日程調整を行う。
　　　・実施計画（※1）により運営委員会、職員会議で協議し、共通理解を図る。
10月　・生徒保健委員が、昼休み等にピアサポートについて学ぶ。
11月　・運営案（※2）を作成し、生徒保健委員、保健部で資料づくり、役割分担等の準備を行う。
　　　・学校保健委員会を開催する。学校保健委員会後、振り返り（※3）を行う。
12月　・学校保健委員会だよりを発行し、保護者等に周知する。
　　　・全校で事後活動を行う。

104　　学校保健委員会の取組「ピアサポート活動」

2 学校保健委員会の実施計画(※1)をつくって関係者の理解を図る

　職員会議で、学校保健委員会実施計画書をもとに提案しました。会の目的や内容、日時や場所、開催に向けての動き、当日の流れなどについて説明し、共通理解を図ったり、意見をもらったりしました。
　また、学校医等やPTAには、資料を送り、電話等で説明し、理解・協力を得たり、当日のアドバイスなどについて依頼したりしました。

(例) ○○中学校　学校保健委員会実施計画（※1）

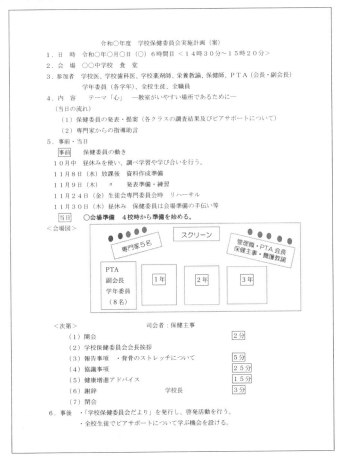

3　学校保健委員会の運営案をつくろう（※2）

（例）　〇〇中学校　学校保健委員会運営案

時間	議事の進行	生徒	PTA	教職員	専門家
2分	1．開会 2．学校保健委員会会長挨拶		・PTA会長挨拶	・司会	
5分	3．報告事項	・保健委員会が背骨ストレッチ報告を行う。			
30分	4．協議事項 ・保健委員会の発表「教室をいやすい場所にするために」 ・ピアサポート（他校実践動画視聴） ・保健委員の提案（15分） ・協議（15分）	・保健委員が調べたことを発表する。 ・保健委員会で話し合った内容を提案する。	・質問や意見、感想を発表	・動画視聴準備 ・司会が進行	・質問や意見、感想を発表。
10分	5．専門家より「健康増進アドバイス」 6．その他				・それぞれの立場から健康増進についてのアドバイスを行う。
3分	7．謝辞 8．閉会			・校長謝辞 ・司会	

4　生徒主体の学校保健委員会を開催しよう

はじめに、保健委員が、アンケート結果から友達とのコミュニケーションをとるときに、相手の話を最後まで聴いたり、相手の気持ちを考えて話したりするなど、相手に寄り添う意識をもつことがポイントになると伝えました。そして、誰にとって

も教室をいやすい場所にするために、ピアサポートを行うことについて提案しました。動画を見てピアサポートのイメージをもてるようにしたり、「友達が相談してきたとき」「もめごとがあったとき」など、具体的な場面でどのように行動するかを提案したりしました。最後に、学校医等の専門家からアドバイスをもらいました。

5 学校保健委員会の事後活動を行い、学校保健活動を充実させる

　学校保健委員会後は、振り返りや評価を行うとともに、協議された内容をもとに事後の活動につなげることが大切です。
（事後活動例）
　・学校保健委員会だよりを発行し、保護者等に内容を周知する。
　・全校生徒によるピアサポート学習を実施する。
（例）学校保健委員会の振り返り（※3）

事例：高等学校

学校保健委員会の取組

❶ 学校における健康課題を協議し、学校と地域社会が連携して健康づくりを推進する。

❷ 学校、家庭、地域の関係機関などが連携するための組織づくりを、保健主事が中心となって行う。

❸ 様々な職種の教職員が、得意分野と専門性を生かして連携・分担する組織づくりが重要である。

1 学校保健委員会の組織構成について（構成員例）

　学校保健委員会の開催の意義や重要性について理解してもらい、協力体制を整えます。高等学校では、生徒保健委員会の代表も出席し、協議に参加することで、主体的に健康課題について考える機会とします。また、生徒保健委員会の活性化も期待できます。協議内容によっては、決められた構成員以外にも参加してもらう等、柔軟に対応することで、より効果的な協議が期待できます。

学校	校長、教頭、教務主任、生徒指導主事、保健主事、保健体育科主任、養護教諭、教育相談担当者、スクールカウンセラー
保護者	PTA会長、PTA保健厚生委員代表
学校医等	学校医、学校歯科医、学校薬剤師
生徒	生徒保健委員会代表（参加は第2・3回）
地域関係者	保健所

2　学校保健委員会の年間実施計画（年間実施計画例）

　学校保健目標達成のため、年間の開催予定を決定し、学校保健計画に位置付けます。情報収集により得られた健康課題をテーマにしたり、生徒保健委員会とも話し合った上でテーマを決定したりすることも考えられます。

時期	回	内容
5月	第1回	・年間の学校保健安全計画の確認 ・本校の保健活動の概況について ・教育相談、特別支援教育の概況について ・本校の健康課題についての協議
11月	第2回	・「スマホ使用に関するアンケート調査」結果報告 ・「スマホとの付き合い方について」の協議
2月	第3回	・定期健康診断結果報告 ・1年間の保健室利用状況 ・定期環境衛生検査結果報告 ・日本スポーツ振興センター災害発生状況報告 ・生徒保健委員会活動報告 ・次年度の年間学校保健安全計画の確認 ・1年間の学校保健委員会総括

第3章　具体的な取組例　　109

3 開催までの予定（年間の開催予定例）

時期	実施内容
4月	・学校保健委員会の年間計画について提案（学校保健委員会開催に向けた方針や年間の計画、準備や運営について共通理解を図る） ・テーマの決定 ・期日の決定 ・運営の役割分担の決定 ・第1回学校保健委員会実施計画提案（保健部会・運営委員会・職員会議） ・学校医・学校歯科医・学校薬剤師への連絡 ・開催通知発送
5月	・資料作成、事前発送 ・第1回学校保健委員会開催 ・参加者への礼状発送
7月	・「スマホ使用に関するアンケート調査」実施
8月	・「スマホ使用に関するアンケート調査」集計とまとめ
9月	・第2回学校保健委員会実施計画提案（保健部会・職員会議） ・開催通知発送
11月	・資料作成、事前発送 ・第2回学校保健委員会開催 ・参加者への礼状発送
1月	・第3回学校保健委員会実施計画提案（保健部会・職員会議） ・開催通知発送
2月	・資料作成、事前発送 ・第3回学校保健委員会開催 ・参加者への礼状と年間の反省アンケート依頼を発送
3月	・学校保健委員会の反省と評価

4 運営計画（実践例）

1　**日時**　令和〇年11月〇日（金）15:00〜　本校会議室

2　**議題**　「スマホとの付き合い方について」

3　**ねらい**

・本校生徒へ実施した「スマホ使用に関するアンケート調査」結果から、本校生徒のスマホ使用の状況を知る。

・スマホ依存予防や生活習慣の見直しについて協議し、よりよい生活習慣を身に付ける。

4　**準備**　　　5　**内容**（年間実施計画11月を参照）

（略）

6　**事後の活動**

・学校保健委員会だよりを発行する（全校生徒、出席者へ配付し、保護者向けに学校ホームページへ掲載する）。

・校内放送で生徒保健委員会から全校生徒に向けて学校保健委員会参加報告を行う。

・ホームルーム活動で「スマホとの付き合い方」について話し合う。

5 学校保健委員会の振り返りと評価

　年度末にはアンケート等により、学校保健委員会の構成員や関係者から意見を聞き、評価を実施します。次年度の学校保健委員会開催に向けての課題や改善点を明確にし、検討を行います。PDCAサイクルを活用した学校保健委員会の運営を行うことで、活性化された学校保健委員会の開催が期待されます。

　学校保健目標達成のために、保健主事がリーダーシップを発揮し、コーディネート役も果たしながら、学校保健委員会が活性化されることで、学校保健活動全体の充実が期待されています。

教育活動全体で取り組む
保健教育

1 教育活動全体を通して取り組むためには

　学校教育においては、学習指導要領に基づいて保健教育が行われますが、「保健教育」という用語は使用されていません。前述のとおり小学校学習指導要領総則では、「心身の健康の保持増進に関する指導」として示されています（p.28参照）。

　このことから、健康に関する指導の一つである「心身の健康の保持増進に関する指導」すなわち保健教育は、当面している健康課題等について児童生徒が適切に判断し解決できるよう、教育活動全体を通じて取り組む必要があります。

　その鍵となるのが各学校において作成される学校保健計画です。体育・保健体育や特別活動だけではなく、関連教科等をもれなく位置付け、保健教育の充実に努めることが大切です。しかし、関連教科の指導と保健教育との関連を意識している教員は少ないことが考えられます。そのため、実際に指導に当たる教員等が保健教育との関連について共通理解していることが肝要なのです。これから紹介する第3章の事例では、すべてに保健教育との関連を明示したので参考にしてください。

　一方、現行の学習指導要領では、各教科等において児童生徒が身に付けるべき資質・能力が明確化されています。このことは、保健教育においても例外ではありません（「健康・安全・食に関する資質・能力」についてはp.27参照）。

2　各種資料を活用して学校保健計画を作成する

『小学校学習指導要領（平成29年告示）解説　総則編』には「心身の健康の保持増進に関する教育」（いわゆる保健教育)について、育成を目指す資質・能力に関連する各教科の内容が示されています。具体的には、総則、体育科、家庭科、理科、社会科、生活科、特別の教科道徳、総合的な学習の時間、特別活動です。つまり、これらの教科等には保健教育に関わる内容が入っており、それらを適切に学校保健計画に位置付ける必要があるのです。また、本書の第2章で例示した学校保健計画には、新学習指導要領に対応して学校保健で育成を目指す資質・能力を位置付けています。

これらを参考に、各学校においても資質・能力を明確にし、教科等横断的な視点でそれらを育むことができるよう指導していくことが重要です。さらに、地域や家庭とも連携・協働した実施体制を確保していくことも求められます。

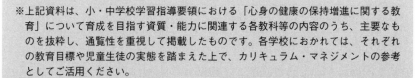

【参考】
■小学校：心身の健康の保持増進に関する教育（現代的な諸課題に関する教科等横断的な教育内容）解説冊子（p.236-237）／HP（p.244-245）
■中学校：心身の健康の保持増進に関する教育（現代的な諸課題に関する教科等横断的な教育内容）解説冊子（p.238-239）／HP（p.246-247）

※上記資料は、小・中学校学習指導要領における「心身の健康の保持増進に関する教育」について育成を目指す資質・能力に関連する各教科等の内容のうち、主要なものを抜粋し、通覧性を重視して掲載したものです。各学校におかれては、それぞれの教育目標や児童生徒の実態を踏まえた上で、カリキュラム・マネジメントの参考としてご活用ください。

■「現代的健康課題を抱える子供たちへの支援　～養護教諭の役割を中心として～」文部科学省（平成29年3月）
※上記資料は養護教諭の資質向上や、課題を抱える児童生徒一人一人のニーズに応じた支援のための資料としてご活用ください。

体育（小学校：第3学年）

体のせいけつとけんこう

1 体育科と保健教育との関連

　体育科では、単に運動技能の習熟や健康の増進、体力の向上を図るだけでなく、人生をより豊かに充実させるために生活の質的向上を図ることが重要なねらいになります。

　小学校の保健領域では、学校や家庭など身近な生活における健康・安全に関わる内容について、単なる知的理解にとどまらず、現在及び将来の生活において健康課題に直面した場合に、科学的な判断のもとに適切に対応できる能力と態度を培うことを目指しています。

> ■**単元名**：体のせいけつとけんこう（第3学年）
> ■**ねらい**
> 　体や身の回りを清潔にすることが、なぜ大切なのかを理解することができる。

2 保健教育との関連を図るポイント

　健康な生活に関する課題を見つけ、よりよい解決に向けて考える活動をする場面において、養護教諭と連携しながら体の清潔を保つことの必要性を扱うことにより体の清潔から、健康な生活についての課題を見つけ、その解決に向けて考えることで、児童自ら健康を保持増進するための行動を実践できるようにするための保健教育を行います。

3 主な授業の流れ

①発問❶「先生の手はきれいでしょうか？ 汚れているでしょうか？」
　・きれいに見える手も実は汚れていることを理解させる。（学級担任）

②めあての確認
　・「体や身の回りを清潔にすることは、どうして大切なのかな？」

③発問❷「みんなの手はきれいかな？」（学級担任）
　・自分の手を見て、考える。

④手洗い実験
　・手洗いチェッカーを用いて、しっかりと汚れを落とす手洗いができているかどうかを確認する。（養護教諭）
　・正しい手洗いのポイント（指の間、親指の付け根、爪の周りや内側）を伝える。（養護教諭）

⑤発問❸「下着やくつ下の汚れを調べる実験を見て、どう思いましたか？」（学級担任）

⑥まとめ
　・本時の学習の感想を書く。
　・「体や身の回りを清潔にすることは、健康に過ごすために大切なんだね」

保健体育（中学校：第3学年）

がんについて正しく知ろう

1 保健体育科と保健教育との関連

　中学校保健体育科保健分野の学習は、生涯を通じて自らの健康や環境を適切に管理し、改善していくための資質・能力を育成することを目標として学習内容が体系的に位置付けられています。そして、健康・安全に関する内容について、中学校3年間をかけて、すべての生徒がもれなく学ぶべきものとなっており、保健教育の中心的な役割を担うものと言えます。

2 保健教育との関連を図るポイント

　この学習では、以下の点に留意しながら学習を進めるようにします。

■1 個人生活における健康・安全について科学的に理解する

　健康な生活と疾病の予防について、個人生活を中心として科学的に理解できるようにするとともに、それらの内容に関わる基本的な技能を身に付けるようにすることを目指します。

■2 健康についての自他の課題を発見し、よりよい解決に向けて思考・判断・表現する

　健康に関わる事象や健康情報などから自他の課題を発見し、よりよい解決に向けて思考したり、様々な解決方法の中から適切な方法を選択するなどの判断をしたりするとともに、それらを他者に表現できるように

することを目指します。

❸ 生涯を通じて健康の保持増進を目指し、明るく豊かな生活を営む態度を目指す

　自他の健康に関心をもち、現在だけでなく生涯を通じて健康の保持増進や回復を目指す実践力の基礎を育てることによって、現在及び将来の生活を健康で活力に満ちた明るく豊かなものにすることを目指します。

3　主な授業の流れ

単元名：健康な生活と疾病の予防（第3学年）（がん教育）
ねらい：がんについて、医師の話を聞いて正しい知識を深めるとともに、がんを予防するためにできることを考えることができる。

〇アンケート結果をもとに本時の課題を把握する
　事前アンケートの結果を提示し、「がんについて知っていること」や「がんのイメージ」について考え、本時の課題「がんはどのような病気なのだろうか」につなげる。
〇がんについて正しい知識を知る
　資料をもとに、養護教諭の話を聞いて、「がんとは」「日本のがんの現状」「がんの発生と進行」「がんの発生要因」などについて正しく知る。

がん教育プログラム（文部科学省）

〇今の自分にできることを考える
　がんにならないために自分たちにできることや意識することは何か考え、グループで考えを広げたり、深めたりする。
〇課題に対するまとめを行い、本時の学習を振り返る
　本時の学習内容を振り返って、がんがどのような病気か、発生要因は何か、予防するために自分たちにできることは何かを再確認する。

保健体育（高等学校：第２学年）

医薬品の制度とその活用

1 高等学校における保健体育科と保健教育との関連

　高等学校学習指導要領には、学校における体育・健康に関する指導を教育活動全体を通じて適切に行うこと、保健体育科の科目保健をはじめ、関連する教科等が特質に応じて保健教育を行うことが示されています。

　高等学校における保健教育を充実させるためには、科目保健を核として、教科等横断的な視点から相互を関連させて指導することが重要です。例えば、保健の既習知識をもとに特別活動で実生活への生かし方を組み立てたり、公民科の科目公共の単元「公共的な空間における人間としての在り方生き方」と関連付けたりすることなどが考えられます。

　高校生の身近に存在する市販薬を用いたオーバードーズは、心の健康や人間としての生き方、私たちが望む社会等の視点を含むことから、教科等横断的な保健教育によって、一層多角的な学びが期待できます。

2 保健教育との関連を図るポイント

　科目保健の単元「保健・医療制度及び地域の保健・医療機関」では、「医薬品の制度とその活用」において、「個々の医薬品の特性を理解した上で、使用法に関する注意を守り、正しく使うことが必要であること」について学習します。この内容は、学校薬剤師・スクールカウンセラー等から、実態等について直接指導を受けることにより、一層の知識の定着が期待できます。また、「オーバードーズ」をテーマに、特別活動の学校行事として設定し連携することも有効です。

3　主な授業の流れ

　本時は「医薬品の制度とその活用」の２時間目としてオーバードーズを取り上げ、「使用法に関する注意を守り、正しく使うことが必要であること」の理解を深めるための具体の教材として設定しました。

本時の展開　　ねらい：☐☐☐☐　発問：☐☐☐☐

	学習活動	○指導上の留意点
導入5分	1　事前学習をもとに、発問について考える。 違法薬物の乱用とオーバードーズの違いは何でしょうか？ ・発問をグループで話し合い、代表が全体へ発表して共有する。	○自分の事前アンケートの質問内容を確認させる。（T）※ ○外部講師（SP、SC）※入場、歓迎の拍手を促す。（T） ○必要に応じ、話合いを活発にするためのヒントを与える。（SP、T）
	オーバードーズの心身への影響について考えよう。	
展開40分	2　オーバードーズの実態を知る。 ・症状や心身への影響についての説明を聞き、自分事としてイメージする。 3　オーバードーズをしてしまう理由と周囲の望ましい対応を考える。 なぜ危険と知りながらオーバードーズをするのでしょうか？ 友人がオーバードーズをしていたら、あなたはどう対応しますか？ ・発問をグループで話し合い、代表が全体へ発表して共有する。	○事前アンケート記載の質問に触れながら進行する。（SP） ○発現する症状、心身への影響を説明する。（SP） ○開始の背景や動機について、事例を挙げて具体的に説明する。（SC） ○必要に応じ、話合いを活発にするためのヒントを与える。（SC、T） ○共有された話合いの内容を踏まえて、開始の理由・背景を説明し、望まれる周囲の対応を例示する。（SC）
整理5分	4　本時の学習を振り返る。 ・疑問点を質問する。 ・ワークシートに本時の学びや気付きを記入する。	○質疑に答え、本時の内容をまとめる。（SP、SC） ○外部講師退場、感謝の拍手を促す。（T） ○教育支援アプリへ入力させる。（T）

（※上表注☐T：教師、SP：学校薬剤師、SC：スクールカウンセラー）

社会（小学校：第4学年）

安全できれいな水を つくるために

1 社会科と保健教育との関連

　社会科では人々の健康や生活環境を支える事業に関する内容について、飲料水を供給する事業においては、安全で安定的な供給の仕組みが計画的に改善され公衆衛生が向上してきたことを学びます。

　地域の人々の健康と生活環境を支える働きについて、飲料水を供給する事業が人々の健康や生活環境の維持と向上に役立っていることを理解し、地域の人々の健康やよりよい生活環境を実現していくために共に努力し、協力しようとする意識などを養うことを目指しています。

> ■**単元名**：安全できれいな水をつくるために（第4学年）
> ■**ねらい**
> 　浄水場では、安全できれいな水を安定的に供給するためにたくさんの工夫をしていることを理解する。

2 保健教育との関連を図るポイント

　浄水場や水道事業に携わる人々の働きや水の利用などが、どのように関係しているのかを知ることで、自分たちが安全できれいな水を安定的に利用することができるのは、様々な関係機関の努力と連携によることを理解し、生活にとって必要な飲料水などの確保が健康な生活の維持に役立つことに気付けるように保健教育を行います。

120　　安全できれいな水をつくるために

3　主な授業の流れ

①浄水場でつくられた水が、安全に使える理由を考え、話し合う
「浄水場の施設の様子を見て、気付いたことを話し合いましょう」
　・何かの薬品を混ぜている。
「浄水場では、安全できれいな水をつくるために、どのような工夫をしているのでしょう」
　・毎日、様々な検査をしている。

②浄水場で働いている人の願いや工夫について話し合う

「浄水場で働く人たちが工夫していることを調べ、話し合いましょう」
　・設備や薬を使って水をきれいにしている。

③安全できれいな水を届けるしくみを調べ、健康な生活にも役立っていることを話し合う。
「水を送る方法について調べましょう」
　・浄水場できれいになった水は、配水池から水道管を通って私たちのところに届く。
「計画的に改善が進められていることは何でしょう」
　・水を無駄にしないよう、水道管の水もれを監視している。
　・古くなった水道管を交換している。

④本時のまとめをする
「学習を振り返り、まとめをしましょう」
　・浄水場では、安全できれいな水をつくるために、いろいろな工夫をしている。
　・安全できれいな水は、たくさんの人によって守られている。

社会・公民的分野（中学校：第3学年）

政府の役割と国民の福祉

1 社会科と保健教育との関連

　社会科の公民的分野の「B私たちと経済」(2)国民の生活と政府の役割では、社会資本の整備、公害の防止など環境の保全、少子高齢社会における社会保障の充実・安定化、消費者の保護について、それらの意義を理解できるようにすることが求められています。

　これらの内容は、②の保健体育科保健分野の内容や総合的な学習の時間における健康・福祉などの課題に関わる内容、特別活動の学級活動における心身ともに健康で安全な生活態度や習慣の形成に関する内容と相互に関連を図りながら指導することが大切です。

2 保健教育との関連を図るポイント

　この学習では、以下の保健体育科保健分野の学習と相互に関連を図りながら指導することが大切です。

・「健康な生活と疾病の予防」のア(カ)健康を守る社会の取組

　健康の保持増進や疾病の予防のためには、個人や社会の取組が重要であり、保健所、保健センターなどの保健・医療機関を有効に利用することが必要であることなどについて理解できるようにする。

・「健康と環境」のア(イ)飲料水や空気の衛生的管理

　健康と密接な関わりがある飲料水や空気の衛生的な管理の必要性について理解できるようにする。

・「健康と環境」のア(ウ)生活に伴う廃棄物の衛生的管理

人間の生活によって生じた廃棄物について、環境の保全の面から、衛生的な処理の必要性について理解できるようにする。

3 主な授業の流れ

単元名：政府の役割と国民の福祉（第3学年）

ねらい：日本の社会に見られる課題を資料から読み取り、グループで改善策を考え、現行の社会保障制度と比較することを通して、日本の社会保障制度の考え方や仕組みを理解することができる。

○はじめに、社会保障制度について知っていることを出し合う

　保険証や予防接種など、社会保障制度が身近なところで活用されていることに気付かせ、当事者意識をもたせて、めあてにつなげる。

めあて：「社会保障」はどのような考えに基づいて成り立っていて、どのような仕組みになっているだろうか。

○「社会保険」「社会福祉」「公衆衛生」「公的扶助」について、自分たちの生活とどのように関わっているかを整理する

○総務省や厚生労働省ホームページの資料から、日本の社会にはどのような課題があり、どのような保障が必要かグループごとに話し合う

　・生産年齢人口と高齢者数の推移→

　・医療費の推移　　　　　　など

○グループで話し合った内容と現行の社会保障制度を比較することで、社会保障の考え方や仕組みについて理解する

○最後に、本時の学習をまとめと振り返りを行い、新たな疑問等について考える

まとめ：私たちの生活は、いろいろな社会保障制度に支えられている。少子高齢化が進んでいるが、今の制度で大丈夫だろうか。

公民（高等学校）

マイクロディベートを例に

1 高等学校における「公民」と保健教育との関連

　高等学校の教科「公民」には、平成30年の学習指導要領改訂によって科目「公共」が新設されました。「人間と社会の在り方についての見方・考え方を働かせ、現代の諸課題を追究したり解決したりする活動を通して、広い視野に立ち、グローバル化する国際社会に主体的に生きる平和で民主的な国家及び社会の有為な形成者に必要な公民としての資質・能力を育成すること」を目標に掲げる同科目では、大項目Aの項目（2）「公共的な空間における人間としての在り方生き方」において、環境保護、生命倫理などの課題を扱うことが求められています。

2 科目「公共」の特質に応じた保健教育

　環境保護や生命倫理などの課題は、多様な価値観が交錯する「正解のない問い」であることが多いことから、課題を解決することを求めるのではなく、人間としての在り方生き方について、「考え、選び、判断する」ための手掛かりを提供するような授業を組み立てることが重要です。

　例えば、環境保護では「鉱物資源の採掘と環境汚染」「温室効果ガスの排出量取引」、生命倫理では「出生前診断と命の選別」「安楽死・尊厳死と自己決定権」などを論題として、肯定側・否定側に分かれて制限時間の中で立論・質疑・反駁・最終弁論と議論を進めて、どちらが説得力のある議論をすることができたかを判定するマイクロディベートは、科目公共の特質に応じた保健教育として、有効な学習方法と言えます。

124　マイクロディベートを例に

3 主な授業の流れ（議論の組立て）

マイクロディベートの進行例

肯定側	否定側
① 立論：肯定側立論を行います。私たちは二つの理由から「（論題は）すべきである」と考えます。 　一つ目の理由は（　　　）です。 　二つ目の理由は（　　　）です。 　よって、「（論題は）すべきである」と考えます。	② 立論：否定側立論を行います。私たちは二つの理由から「（論題は）すべきでない」と考えます。 　一つ目の理由は（　　　）です。 　二つ目の理由は（　　　）です。 　よって、「（論題は）すべきでない」と考えます。
④ 質疑：否定側にお尋ねします。 〔例〕先ほど否定側は（　　　）と主張しましたが、その根拠は何ですか。	③ 質疑：肯定側にお尋ねします。 〔例〕先ほど肯定側は（　　　）と主張しましたが、その根拠は何ですか。
作戦タイム（1回目）	
⑥ 反駁：はじめに、否定側の質疑にお答えします。 （回答内容：　　　） 続いて否定側に反駁します。否定側は立論で（　　　）と主張しましたが、これは二つの点で明らかに誤りがあります。 　一つ目の誤りは（　　　）です。 　二つ目の誤りは（　　　）です。 したがって、否定側の主張は正しくありません。	⑤ 反駁：はじめに、肯定側の質疑にお答えします。 （回答内容：　　　） 続いて肯定側に反駁します。肯定側は立論で（　　　）と主張しましたが、これは二つの点で明らかに誤りがあります。 　一つ目の誤りは（　　　）です。 　二つ目の誤りは（　　　）です。 したがって、肯定側の主張は正しくありません。
作戦タイム（2回目）	
⑧ 最終弁論：肯定側最終弁論を行います。否定側は反駁で（　　　）と主張しましたが、二つの理由から大きな問題ではありません。 　一つ目は（　　　）です。 　二つ目は（　　　）です。 　これらのことから、これまでの議論を踏まえ、改めて「（論題は）すべきである」と主張し、最終弁論を終わります。	⑦ 最終弁論：否定側最終弁論を行います。肯定側は反駁で（　　　）と主張しましたが、二つの理由から大きな問題ではありません。 　一つ目は（　　　）です。 　二つ目は（　　　）です。 　これらのことから、これまでの議論を踏まえ、改めて「（論題は）すべきでない」と主張し、最終弁論を終わります。
判定	

発言順：上表中の丸数字　　制限時間：立論（各2分）、質疑（各2分）、作戦タイム（毎回3分）、反駁（各2分）、最終弁論（各2分）

理科（小学校：第5学年）

ヒトのたんじょう

1 理科と保健教育との関連

　理科では、植物の結実の過程や動物の発生や成長について観察したり、調べたりする中で、生命の連続性や神秘性に思いをはせたり、動植物が周囲の環境との関係の中で生きていることを考えたりすることを通して、生命を尊重しようとする態度を育むことが重要なねらいになります。

　小学校の理科では、人間を含めた生物が生きていくためには、水や空気、食べ物、太陽のエネルギーなどが必要なことなどを理解しながら、自然の事物・現象に進んで関わり、問題を見いだし、見通しをもって追究していく態度の育成を目指しています。本単元は、保健領域の「体の発達」との関連を考慮して実践を行いました。

> ■**単元名**：ヒトのたんじょう（第5学年）
> ■**ねらい**
> 　ヒトが母体内で成長していくようすを目的に応じて図鑑やインターネット、養護教諭へのインタビューなどの方法で調べることができる。

2 保健教育との関連を図るポイント

　ヒトの受精卵が時間の経過とともに母体内でどのように成長するのか予想や仮説を立てさせる場面において、生命の連続性に対する理解を深めるとともに、生命を尊重する態度を育むことで、児童が健康に関する

126　　ヒトのたんじょう

知識を身に付けることや、積極的に健康な生活を実践することができるようにするための保健教育を行います。

3 主な授業の流れ

1 導入

- 「女性の体内でつくられた卵が、男性の体内でつくられた精子と結び付くと、卵は育ち始めるよ。卵と精子が結び付くことを受精と言い、受精した卵を受精卵と言うよ。」
- 受精、受精卵について用語を確認する。
- 受精のしくみについては、小学校理科では扱わない。
- メダカの卵の大きさと、ヒトの卵の実際の大きさを比較するようにする。
- 「受精卵は、母親の体内にある子宮で育つよ。」
- 子宮について用語を確認する。

2 問題

- 「ヒトは、母親の体内で、どのように育って誕生するのだろうか。」

3 計画

- 「どのように調べるとよいか、計画を立てよう。」
- 「調べる方法を決めよう。」
- 前時で考えた予想や仮説をもとに、調べたいことを整理する。
- 事前に、分かりやすい図書資料や映像などを準備したり、養護教諭と打ち合わせをしたりしておく。

4 資料調べ

- 「計画した方法で調べよう。」
- 「調べたことを絵や写真などを使って分かりやすくまとめよう。」
- 次時で、調べたことをみんなに伝える。

理科（中学校：第2学年）

生物の体のつくりと働き

1　理科と保健教育との関連

　理科の第2分野の「(3)生物の体のつくりと働き」では、生物の体のつくりと働きの関係に着目しながら、生物の体が細胞からできていることや動物の細胞のつくりの特徴を理解すること、生命を維持する働きとして消化や呼吸の仕組みを理解すること、動物が外界の刺激に適切に反応する仕組みを感覚器官、神経系及び運動器官のつくりと関連付けて理解することなどとともに、生命を尊重する態度の育成が求められています。

　これらの内容は、②の保健体育科保健分野の内容や総合的な学習の時間における健康・福祉などの課題に関わる内容、道徳における生命の尊さに関する内容と相互に関連を図りながら指導することが大切です。

2　保健教育との関連を図るポイント

　この学習では、保健体育科保健分野の以下の内容と相互に関連を図りながら指導することが大切です。

・「心身の機能の発達と心の健康」のア(ア)身体機能の発達

　身体の発育・発達、骨や筋肉、肺や心臓などの器官が急速に発育し、呼吸器系、循環器系等の機能が発達する時期があること、また、その時期や程度には、人によって違いがあることを理解できるようにする。

・「健康な生活と疾病の予防」のア(ウ)生活習慣病などの予防

　心臓病、脳血管疾患などの循環器の疾病の予防について理解できるようにする。

128　生物の体のつくりと働き

・「健康な生活と疾病の予防」のア㈬喫煙と健康
　たばこの煙に含まれるニコチン、タール及び一酸化炭素などの有害物質の呼吸器及び循環器を通した疾病リスクの上昇について理解できるようにする。

3　主な授業の流れ

単元名：生物の体のつくりと働き（第2学年）
ねらい：生物の体のつくりについて観察を行い、人との共通点や相違点を見いだし、表現することができる。

1　前時の学習を振り返ってめあてを考える。
　めあて：他の生物の体と人間の体のつくりを比較し、どうしてそのようになっているのか考えよう。
2　グループで解剖実験（イカ、アジ）を行い、生物の体のつくりについて調べる。呼吸器官・消化器官などがどのようになっているか確認し、タブレット端末で撮影・記録する。

3　これまでに学習した人の体のつくりの図と比べ、人との共通点や相違点についてまとめる。
　　　＊ヒトにはない器官　　　＊ヒトと共通する器官
4　どうしてそのような違いになっているのか考察し、グループで聞き合って考えを深める。
5　本時の学習のまとめと振り返りを行う。

まとめ　生物には共通して呼吸や消化・吸収を行う器官があり、それぞれ環境に適した生物特有の体のつくりをしている。

生活（小学校：第1学年）

自分でできるよ
（保健教育との関連）

1 生活科と保健教育との関連

　小学校学習指導要領（平成29年度告示）の生活科の目標には、具体的な活動や体験を通して、身近な生活に関わる見方・考え方を生かし、自立し生活を豊かにしていくための資質・能力を育成することを目指すとういう旨が示されています。また、その目標の(1)には、

> (1)　活動や体験の過程において、自分自身、身近な人々、社会及び自然の特徴やよさ、それらの関わり等に気付くとともに、生活上必要な習慣や技能を身に付けるようにする。

となっています。

　保健教育との関連を考えた場合、「生活上必要な習慣や技能を身に付けるようにする」という部分を特に意識する必要があります。そこで、以下のような授業展開が考えられます。

> ■**単元名**：自分でできるよ（第1学年）
> ■**ねらい**
> 　家庭生活について、調べたり、訪ねたり、実際に行ったりすることを通して、自分の家庭生活を振り返り、家庭生活を支えている家の人のことや、家の人のよさ、自分でできることなどについて考え、家庭での生活は互いに支え合っていることが分かり、自分の役割を積極的に果たすとともに、規則正しく健康に気を付けて生活しようとすることができるようにする。

130　　自分でできるよ（保健教育との関連）

2 保健教育と関連を図るポイント

　この単元は自分の家での生活を見つめ直し、自分でできることを見つけ、今後の生活に生かしていくという流れで展開されていきます。その中で、自分の家での生活を見つめ直したときに食事や睡眠、歯磨きなどの基本的な生活習慣の部分にフォーカスを当てることで、保健教育との関連を図ることができます。

3 主な授業の流れ

☆授業に入る前に：児童の家庭環境や生活習慣などの実態把握を行う

　　現在の児童の家庭環境は実に様々です。担任や学年の先生と連携して実態把握を十分に行い、必要な配慮を確認しておきましょう。

①導入：自分の１日を振り返り、どんなことをしているか思い出す

　　朝起きてから、夜寝るまでの間に家でしていることを振り返らせ、発言をさせます。教師は朝、学校に行く前と家に帰ってから寝るまでに分けて板書し、その後、毎日家でしていることは何か全体で確認します。

②活動：自分の１日の生活について、順番にカードに書く

　　家でしていることの順番を考えながら、朝起きてから夜寝るまでのことを記入させます。起床時間や就寝時間、食事や歯磨きなど、自分の健康のためにしていることを意識させましょう。

③振り返り：１日の生活のことを話し合って、気付いたことを話し合う

　　グループでカードにまとめたことを共有させます。教師は机間指導しながら、毎日歯磨きをしている児童や早寝早起きができている児童を価値付けしましょう。

④つなげる：自分の生活習慣を見直し、正しい習慣を身に付ける

　　生活リズムチェックカードのようなものを作成し、１、２週間程度記入させ、授業が自分の生活に生かせるようにしましょう。

家庭（小学校：第5学年）

食べて元気に

1 家庭科と保健教育との関連

　家庭科では、生命の維持や心身の成長発達などに関わる人間の基本的な営みが行われる家庭生活を主な学習対象としているので、家庭生活に関わりの深い人やもの、環境などとの関連を図りながら、食べることや着ること、住まうことなどを学習することになります。

　これらに関する実践的・体験的な活動を通して、具体的な学習を展開することにより、基礎的・基本的な知識及び技能を確実に身に付けるとともに、知識及び技能を活用して、保健教育における健康問題などと関連を図り、身近な生活の課題を解決できるようにすることを目指しています。

> ■**題材名**：食べて元気に（第5学年）
> ■**ねらい**
> 　食品に含まれている主な栄養素の体内での主なはたらきにより、食品を三つのグループに分けることができる。

2 保健教育との関連を図るポイント

　食品に含まれている主な栄養素の体の中での働きにより、食品を「主にエネルギーのもとになる食品」「主に体をつくるもとになる食品」「主に体の調子を整えるもとになる食品」という分け方があり、この三つの食品のグループを組み合わせると栄養のバランスのよい食事となること

132　食べて元気に

を理解することで、生命の維持や活動、成長するために必要な栄養素を過不足なく摂取することの大切さを考えられるようにします。

3 主な授業の流れ

①前時を振り返り、食事の必要性について想起する
- 食べることの必要性について確認し、献立表の三つの食品のグループ分けを示す。（学級担任）

②五大栄養素と三つの主なはたらきについて知る（栄養士）
- 食品分類表を示し、五大栄養素の名称や三つのはたらきについて説明する。

③今日の給食の献立について、食品が三つのどのグループに含まれるかを考える（学級担任）

- 個人でワークシートの食品分類表に記入していく。
- グループで分かったことや気付いたことについて話し合う。
- 全体で分かったことや気付いたことについて話し合う。
- 給食がどのようなことに気を付けて作られているか説明する。（栄養士）

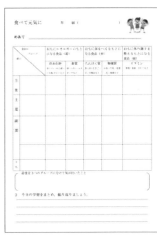

④本時の学習を振り返り、次時の学習内容を確かめる
- 好き嫌いをせずに、栄養のことを考えて残さず食べたい。
- 朝食や夕食でも栄養のバランスを考えていきたい。

技術家庭（中学校：第2学年）

食生活
～中学生に必要な栄養バランスのとれた食事を考えよう～

1 家庭科と保健教育との関連

　家庭分野のBの「(1)食事の役割と中学生の栄養の特徴」では、中学生はエネルギー及びタンパク質やカルシウムなどの栄養素を十分に摂取する必要があり、栄養的に過不足のない食事をとる必要があることを理解すること、健康によい食習慣として、欠食や偏食を避け、栄養のバランスのよい食事をとることや1日3食を規則正しくとることの重要性について理解することなどが求められています。また、健康の観点からよりよい食習慣について考え、工夫することができるようにすることも求められています。

　これらの内容は、②の保健体育科保健分野の内容や道徳における節度に関する内容、特別活動の学級活動における食育の観点を踏まえた学校給食と望ましい食習慣の形成に関する内容と相互に関連を図りながら指導することが大切です。

2 保健教育との関連を図るポイント

　この学習では、保健体育科保健分野の以下の学習と関連を図りながら指導することが大切です。
・「健康な生活と疾病の予防」のア(イ)生活習慣と健康
　食事には、健康な身体をつくるとともに、運動によって消費されたエネルギーを補給する役割があるため、健康を保持増進するために、毎日適切な時間に食事をすること、年齢や運動量等に応じて栄養素のバラン

スや食事の量に配慮することが必要であることを理解できるようにする。

3 主な授業の流れ

単元名：食生活（第2学年）
ねらい：中学生に必要な栄養について、中学生期の特徴を通して、何がどれだけ必要か気付き、自分の食生活を工夫することができる。

1 映像資料を見て、主人公が抱えている生活上の問題点と食事内容の関係から課題を見つける。
めあて：中学生に必要な栄養バランスのとれた食事を考えよう。

2 中学生に必要な栄養について栄養教諭から説明を聞き、ポイントをプリントに書き込む。

3 食品を選ぶと栄養素が数値化して示されるアプリを使って、主人公に必要な1日の食事で栄養バランスのとれたメニューを考える。

4 自分の食生活を振り返って、中学生に必要な栄養をとるために給食や家の食事でできることをグループで聞き合って考えを広げる。

5 本時の授業を振り返って自分の食事のとり方の問題点を書き、これから気を付けたいことなどをワークシートに記入する。
まとめ：カルシウムや鉄分などの栄養素は、中学生の時期は特に必要になるので特に意識してとり、栄養バランスのとれた食事をとるように心がけたい。

道徳（小学校：第1学年）

おたんじょうびカード

1 道徳科と保健教育との関連

　道徳科は、道徳的諸価値についての理解を基に、自己を見つめ、物事を多面的・多角的に考え、自己の生き方についての考えを深め学習を通して、道徳性を養うことを目標としています。

　学校における道徳教育では、各教育活動においてそれぞれの特質に応じて道徳性を養うことが行われており、保健教育においても心の健康と体の健康の相互の関連を図ることで、適切な指導が行えるようにしています。

> ■**主題名**：おたんじょうびカード（第1学年）（わたしのいのち）
> ■**ねらい**
> 　自分の生命そのもののかけがえのなさに気付き、生命を大切にしようとする心情を育てる。

2 保健教育との関連を図るポイント

　生命を大切にし尊重することは、かけがえのない生命をいとおしみ、自らもまた多くの生命によって生かされていることに素直に応えようとする心の表れと言えます。このことから、自分との関わりで生きることの素晴らしさや生命の尊さを考え、生命を大切にしようとする心情を育むことで、生涯を通じて健康・安全で活力ある生活を送るための基礎が培われるような保健教育を行います。

3 主な授業の流れ

1 お誕生日について考える

「お誕生日と聞いて、どんなことを思いますか。」
- うれしい日
- 一つの命がこの世に誕生した日であり、それを喜ぶ周りの人がいることを伝える。

2 「おたんじょうびカード」を読んで、話し合う

- もしかしたら、誕生日のお祝いの手紙かな。
- 私のことをこんなに大切に思っていてくれたんだ。
- 自分の誕生を心待ちにしていた家族の思いに気付かせる。

3 生命について自己を見つめる

「『生きているって素敵だな』と感じるときはありますか。」
- 元気に楽しく生活ができていることは幸せだと思う。
- 家族と一緒に毎日いられることは素敵だと思う。
- 当たり前に生活していることこそが、生きている証であると気付かせる。

4 生命の大切さについて教師の話を聞く

- 生きているって素敵だなと教師が感じた経験を話す。

道徳（中学校：第1学年）

情報モラル意識の高揚

1 道徳科と保健教育との関連

　道徳科において、「A主として自分自身に関すること」の2［節度、節制］では、望ましい生活習慣を身に付け、心身の健康の増進を図り、節度を守り節制に心がけ、安全で調和のある生活をするための指導が求められているとともに、保健教育とも関連が深い内容となっています。

　さらに、改めて基本的な生活習慣や防災訓練、交通安全等の安全に関わる活動の意義について学ぶ機会を設け、きまりある生活を通して自らの生き方を正し、節度を守り節制に心がけ、安全で調和のある生活の実現に努めることが、自分自身の将来を豊かにするものであることを自覚できるようにすることが何よりも重要です。単に日々の生活だけの問題ではなく、自らの生き方そのものの問題であり、人生をより豊かなものにすることとの関係で学ぶことができるようにする必要があります。

　これらの内容は、②の保健体育科保健分野の内容や総合的な学習の時間における情報、環境などの課題に関わる内容、特別活動の学級活動における心身ともに健康で安全な生活態度や習慣の形成に関する内容に関する内容と相互に関連を図りながら指導することが大切です。

2 保健教育との関連を図るポイント

　この学習では、以下の保健体育科保健分野の学習と相互に関連を図りながら指導することが大切です。

・「心身の機能と心の健康」の㈗欲求やストレスへの対処と心の健康

心の健康を保つには、適切な生活習慣を身に付け、欲求やストレスに適切に対処することが必要であることを理解できるようにする。欲求には、生理的な欲求と心理的、社会的な欲求があること、また、精神的な安定を図るには、日常生活に充実感をもてたり、欲求の実現に向けて取り組んだり、欲求が満たされないときに自分や周囲の状況からよりよい方法を見つけたりすることなどがあることを理解できるようにする。

3　主な授業の流れ

内容項目：節度・節制（内容項目A－（2））
主題名：望ましい生活習慣について考える
ねらい：望ましい生活習慣について考え、節度を守り、節制を心がけた生活を送ろうとする実践意欲と態度を育てる。

○自宅で書いてきた自由時間の過ごし方をもとに、全国調査の結果資料と比べて、気付いたことを話し合い、めあてにつなげる。

　めあて：望ましい生活習慣について考えよう。

○ネットゲームへの依存に関する資料（「中学道徳」（光村図書））を読み、健康に生活するために大切なことについて、グループで話し合う。

○「依存」に陥らない生活を送るためにどんなことに気を付けることが必要かを考えさせ、節度を守り、節制に心がけた安全で調和のある生活をしようとする実践意欲を高める。
○最後に、話し合ったことを振り返って、自分の考えをまとめる。

特別活動（小学校：第2学年）

おへそのひみつ

1 特別活動と保健教育との関連

　特別活動における保健教育の特徴は、座学による知識や理解のための
ものではなく、現在及び将来にわたる健康な生活について具体的な事柄
への取組を通して行われる体験的な学習活動となります。

　学級活動、児童会活動、クラブ活動、学校行事（健康安全・体育的行事）
において個人的な資質の育成を目指し、望ましい集団活動を通じて、心
身の健康に努めるとともに、個々に合った健康の保持増進に努められる
ように指導・援助を行います。

> ■**題材名**：おへそのひみつ（第2学年）
>
> ■**ねらい**
>
> ・おへその役割を理解し、友だちとなかよくしながら学校生活を送
> 　ろうと実践する。
>
> ・生命の尊さに気付き、集団生活の中で友だちに対しての自分の行
> 　動を考えることができる。
>
> ・赤ちゃんの誕生のおおよそを知り、生命を大切にしていこうとする。

2 保健教育との関連を図るポイント

　学級活動における日常の生活や学習への適応と自己の成長及び健康安
全を学習する場面において、養護教諭と連携しながら生命の誕生を扱う
ことにより、身近な日常生活における健康の問題を自分で判断し、処理

140　おへそのひみつ

できる能力や態度の育成を目指した保健教育を行います。

3 主な授業の流れ

① 「おへそはなぜついているのか」について考え、話し合う
・おへそが子どもと母親をつなぐ絆であったことを理解させる。（学級担任）

② 母親の体内の仕組みや胎児の成長の様子について知る
・成長の様子は、ＶＴＲやグラフ、絵などにより理解させる。（養護教諭）

③ 誕生したときの赤ちゃんの様子や家族の喜びについて話し合う
・家族などの多くの人たちの祝福やお世話があって自分が育ってきたことに気付かせる。

④ 生命の尊さに気付き、学校生活の中で友だちにどのように接していったらよいのか話し合う
・誕生の喜びは学級の一人一人に当てはまることを考えさせ、自他共に生命を尊重していこうとする態度を育てる。

特別活動・学校行事（中学校）

薬物乱用防止教室で学ぼう

1 特別活動と保健教育の関連

　『中学校学習指導要領（平成29年告示）解説　特別活動編』では、健康安全・体育的行事の内容の一つとして薬物乱用防止指導が例示されており、保健教育の学校行事として実施している学校が多くあります。

　また、実施上の留意点としては、「喫煙、飲酒、薬物乱用などの行為の有害性や違法性、防犯や情報への適切な対処や行動について理解させ、正しく判断し行動できる態度を身に付けること」が示されています。

　さらに、指導計画上の配慮として、「学校の創意工夫を生かすとともに、学校の実態や生徒の発達の段階などを考慮し、生徒による自主的、実践的な活動が助長されるようにすること」「内容相互及び各教科、道徳科及び総合的な学習の時間などの指導との関連を図ること」「家庭や地域の人々との連携、社会教育施設等の活用などを工夫すること」なども示されています。

　これらの内容は、2の保健体育科保健分野の内容や総合的な学習の時間における健康・福祉などの課題に関わる内容、道徳における節度に関する内容と相互に関連を図りながら指導することが大切です。

2 保健教育との関連を図るポイント

　この学習では、保健体育科保健分野の以下の学習と関連を図りながら指導することが大切です。
・「喫煙、飲酒、薬物乱用と健康」

喫煙、飲酒、薬物乱用などの行為は、心身に様々な影響を与え、健康を損なう原因となることや、これらの行為には、個人の心理状態や人間関係、社会環境が影響することから、それぞれの要因に適切に対処する必要があることについて学習します。

　保健体育科の学習内容を踏まえ、薬物乱用防止教室においては、外部講師の専門的な視点や経験に基づく講話を通じて薬物乱用の有害性等の理解を深めたり、劇やケーススタディなどの活動を通じて薬物乱用防止の重要性を自主的、実践的に理解したりすることができるようになることが考えられます。

3　薬物乱用防止教室開催の主な流れ

（事前） 学校薬剤師等に薬物乱用防止教室の講師の依頼をし、ねらいや内容、日時などについて打ち合わせを行う。

（本時）

ねらい： 学校薬剤師等から薬物乱用の有害性や違法性などについて正しく理解、判断、行動する態度を身に付ける。

1　導入として、生徒保健委員が作成した薬物乱用防止に関する「○×クイズ」を出題し、全生徒で考える。生徒から生徒に働きかけることで、意欲的・主体的に学ぶことができるように工夫する。

2　学校薬剤師の講義により、薬物乱用の有害性や違法性などについて学ぶ。

3　薬物を勧められたときの断り方について体験的に学び、どう行動したらよいか話し合う。

4　学校薬剤師から指導講評を受け、生徒は振り返りを行う。

（事後） 薬物乱用防止に関する標語や啓発ポスターを作成するなど事後の活動を充実したり、薬物乱用防止教室の様子を学校のWebページやたより等に載せて保護者等に周知したりする。

特別活動（高等学校：第3学年）

これからの
キャリアデザインを考える

1 高等学校における特別活動と保健教育との関連

　高等学校の特別活動では、ホームルーム活動（2）で「節度ある健全な生活を送るなど現在及び生涯にわたって心身の健康を保持増進することや、事件や事故、災害等から身を守り安全に行動すること」、また学校行事（3）で「心身の健全な発達や健康の保持増進、事件や事故、災害等から身を守る安全な行動や規律ある集団行動の体得、運動に親しむ態度の育成、責任感や連帯感の涵養、体力の向上などに資するようにすること」が主体的に考えて実践できるよう指導することが示されています。

　特別活動における保健教育を充実させるためには、保健体育科はじめ各教科及び総合的な探究の時間での学習との関連を踏まえ、生徒の現在及び将来の健康課題について「なすことによって学ぶ」という方法原理を重視して、「生きて働く知識」を身に付けさせることが大切です。

　そのためには、「社会に開かれた教育課程」の趣旨を生かして、地域と協働する教育活動を組み立てることがポイントとなります。

2 ホームルーム活動における保健教育授業の流れ

■**題材名**：これからのキャリアデザインを考える（第3学年）

■**ねらい**：出産や育児を経験した方から話を聞き、自身のライフプランを考えるとともに、「赤ちゃんは24時間かわいいだけの存在ではなく、親になるには責任も伴う」ことを理解する。

144　　これからのキャリアデザインを考える

■当日（本時）の展開　　ねらい：□　　発問：□

	学習活動	○指導上の留意点
導入 5分	1　事前学習の内容を確認する。 ママは、最近どんなことに気付きや驚きがあったでしょうか？ ・ママ講師と赤ちゃんの様子を見ながらグループごとに話し合い、代表が話合いの内容を伝える。	○自分の事前アンケートの質問内容を確認させる。 ○外部講師（ママと赤ちゃん）入場、歓迎の優しい拍手を促す。 ○必要に応じ、話合いを活発にするためのヒントを与える。
	子育てには責任が伴うこと、周りがサポートできることを考えよう。	
展開 40分	2　「喜びを感じること」「大変だと感じること」について知る。 ・気付きや驚き、喜び、大変な点を聞き、自分事としてイメージする。 3　子育ての中で困ること、気を付けるべきことを話し合う。 ママが実際に困ること、周りの人ができることは何でしょうか？ ・代表が話合いの内容を伝え、ママ講師の考えを聞く。	○司会教諭が、事前アンケートでの質問に触れながら進行する。 ○日々成長を実感する喜びと、苦労する点を具体的に伝える。 ○実際の携行品を示して、これらがなぜ必要なのかを考えさせる。 ○周りの人ができることから、発展的にパートナー相互の協力の在り方についても考えさせたい。 ○当事者と周りの人の感じ方の差に気付かせる。
整理 5分	4　本時の学習を振り返る。 ・ワークシートに本時の学びや気付きを記入する。	○外部講師（ママと赤ちゃん）退場、感謝の優しい拍手を促す。 ○教育支援アプリへ入力させる。

3　活動を展開する上での留意点

　外部講師との事前打ち合わせでは、事前アンケートで把握した生徒の実態、興味・関心を共有し、「質問への回答」や「実体験の紹介」等を助言することで、生徒の理解を一層高めることができます。

　事後アンケートでは「あなたなら」等、質問の表現を工夫して、「自分事」として考えさせることも有効です。

第3章　具体的な取組例

総合的な学習の時間（小学校：第6学年）

夢に向かって
～子どもインターンシップ～

1 総合的な学習の時間と保健教育との関連

　総合的な学習の時間では、各学校が目標を実現するにふさわしい探究課題を設定することになります。例えば、国際理解、情報、環境、福祉・健康などの現代的な諸課題に対応する課題、地域や学校の特色に応じた課題、児童の興味・関心に基づく課題などです。こうした探究課題は、特定の教科等の枠組みの中だけで完結することが困難であることから、各教科等で身に付けた資質・能力を活用・発揮しながら解決に向けて取り組んでいくことになります。

　保健教育では、現代的な諸課題に対応する課題を自分事として考え、よりよい解決に向けて行動することが望まれますが、従来の各教科等の枠組みでは必ずしも適切に扱うことができないので、こうした課題を総合的な学習の時間の探究課題として取り上げ、その解決を通して具体的な資質・能力を育成していくことには大きな意義があります。

> ■**単元名**：夢に向かって～子どもインターンシップ～（第6学年）
> ■**ねらい**
> ・様々な職業について追及する活動や職場体験を通して、仕事をする人々の思いや願いを知り、自分らしく生きることや夢をもって努力することの大切さについて考え、今後の生活に生かすことができる。
> ・職業についての課題を見いだし、課題解決のために見通しをもって、職場体験やインタビューなどにより情報を集めて整理・分析し、まとめたり発表したりすることができる。

2　保健教育との関連を図るポイント

　様々な職業について、児童の興味・関心をもとにして、追究の内容を明らかにしながら課題を見つける場面において、保健教育と関連しそうな職業（医師、看護師、薬剤師、保健師等）について意図的に補足説明をすることで、より多くの児童が健康に関わる職業を自分の課題とつなげて取り組めるように配慮します。

3　主な授業の流れ

① 人生の先輩から仕事の話を聞こう
- 現在の職業を選んだ理由、働く人の心構え、労働の喜びについて話していただき職場体験への意欲付けとする。（看護師さん）

② 職場体験の計画を立てよう
- 体験したい職場を選び、自分の課題を設定するなど、職場体験の計画を立てる。（薬局）

③ 職場体験をしよう
- 「働く」とはどういうことなのか、体験を通して感じたことなどを働く人と情報交換する。（薬剤師さん）

④ 学んだことをまとめよう
- 体験した感動や驚き、働く人の立場に立って考えたことなどが伝わるように効果的にまとめる。

- 職場体験を通して学んだことから、将来に向けて自分たちにできることを考え、今後の生活に生かせるようにする。

総合的な学習の時間（中学校：第2学年）

自然災害から自他の命を守ろう

1　総合的な学習の時間と保健教育との関連

　中学校学習指導要領総則には、「特に、学校における食育の推進並びに体力の向上に関する指導、安全に関する指導及び心身の健康の保持増進に関する指導については、保健体育科、技術・家庭科及び特別活動の時間はもとより、各教科、道徳科及び総合的な学習の時間などにおいてもそれぞれの特質に応じて適切に行うよう努めること。また、それらの指導を通して、家庭や地域社会との連携を図りながら、日常生活において適切な体育・健康に関する活動の実践を促し、生涯を通じて健康・安全で活力ある生活を送るための基礎が培われるよう配慮すること」とあります。また、具体的には、以下のような課題も示されています。

> 様々な自然災害の発生や、情報化やグローバル化等の社会の変化に伴い子供を取り巻く安全に関する環境も変化していることを踏まえ、子供たちが起こりうる危険を理解し、必要な情報を自ら収集し、適切な意思決定や行動選択を行うことができる力を育むことも課題となっている。
>
> 「改訂『生きる力』を育む小学校保健教育の手引き」（文部科学省、平成31年3月）

　これらについては、②の保健体育科保健分野の内容や特別活動の学級活動における心身ともに健康で安全な生活態度や習慣の形成に関する内容、学校行事の健康安全・体育的な行事と相互に関連を図りながら指導することが大切です。

2 保健教育との関連を図るポイント

この学習では、保健分野の以下の内容と関連を図ります。
・「傷害の防止」のア（ウ）自然災害による傷害の防止

　自然災害による傷害は、地震が発生した場合に家屋の倒壊や家具の落下、転倒などによる危険が原因となって生じること、また、地震に伴って発生する、津波、土砂崩れ、地割れ、火災などの二次災害によっても生じることを理解できるようにする。自然災害による傷害の防止には、日頃から災害時の安全確保に備えておくこと、緊急地震速報を含む災害情報を正確に把握すること、地震などが発生したときや発生した後、周囲の状況を的確に判断し、自他の安全を確保するために冷静かつ迅速に行動する必要があることを理解できるようにする。また、地域の実情に応じて、気象災害や火山災害なども触れる。

3 主な授業の流れ

ねらい：自然災害時に必要な防災対策を考え、協力して自他の命を守ることができるようにする。

1　修学旅行の班別行動時に自然災害が起こった場合、グループごとにどのように対応したらよいかを考えることで課題意識を高める。

めあて：もし、班別行動時に大地震が起きたら、自他の命を守るためにどのように対応したらよいだろうか。

2　現地の地図や自然災害に関する資料などから、自分たちの班別行動に合わせた具体的な防災対策や避難計画をグループごとに話し合う。

3　グループごとにハザードマップや緊急時対応マニュアルを作成する。

4　それぞれのグループ発表を聞き、自分たちの内容をよりよいものにする。

5　本時の学習をまとめ、振り返る。

おわりに

　保健主事は、学校保健と学校全体の活動に関する調整、つまり学校保健のマネジメントを担います。各学校における学校保健のマネジメントを推進する鍵は、学校保健計画に位置付いた内容を具体的にイメージできるかどうかにかかっています。

　そこで、本書では特に、学校保健計画において形式的になりがちな保健教育について、各教科等の具体的な内容をイメージできるように工夫しました。もちろん、保健主事が一人ですべての内容を指導するわけではありません。しかし、各教科等でどのような内容が指導されているかを理解することで、保健教育を視点とした学校保健のマネジメントを推進することができるのです。

　また、保健教育を含めた学校保健は、小学校、中学校、高等学校と発達の段階に応じて体系的に推進することが重要となります。本書は、すべての校種の内容を網羅しており、12年間全体を俯瞰しながら学校保健に取り組むことができるようになっています。

　学校保健の仕事は一人で行うものではありません。保健主事は多くの人々が関わるようにマネジメントすることが求められますが、それは所属する学校を超えて考える必要があります。

　本書を活用することで、12年間を見通した学校保健の推進が実現することを祈っています。

2025年3月

編著者　森　良一

編著者・執筆者一覧

編著者

森 良一 （もり・りょういち）

東海大学体育学部教授

栃木県教員、栃木県教育委員会等を経て、2008年4月より文部科学省、スポーツ庁の教科調査官として学習指導要領及び解説作成編集を担当する。2018年4月より現職。専門は、保健科教育、健康教育で日本保健科教育学会、日本学校保健学会、日本体育・スポーツ・健康学会等に所属している。大学では保健体育科教育法1、保健体育科教材論等を担当し、保健体育の教員養成や研究者育成に力を入れている。主な著書に『これからの体育科教育はどうあるべきか』『イラストで見る全単元・全時間の授業のすべて　保健体育　中学校（全3巻）』『中学校・高等学校 保健科教育法』『小・中学校の先生のための「健康教育」実践ガイドブック』（東洋館出版社）、『学校におけるメンタルヘルス教育の進め方』『確かな学習状況を見取る小学校体育の評価規準づくり』（大修館書店）など多数。

（執筆：p.8-11/p.20-25/p.48-49/p.98-99/p.112-113）

執筆者 （掲載順・2025年2月現在）

岩田　悟	スポーツ庁政策課教科調査官（p.12-19）
唐澤好彦	品川区教育委員会事務局教育総合支援センター特別支援教育担当課長（p.26-33/p.50-51）
國谷　優	宇都宮市立昭和小学校長（p.34-35/p.40-41/p.52-61/p.86-89/p.100-103/p.120-121/p.126-127/p.132-133/p.136-137/p.146-147）
山田知利	下仁田町立下仁田中学校長（p.36-37/p.42-43/p.62-71/p.90-93/p.104-107/p.116-117/p.122-123/p.128-129/p.134-135/p.138-139/p.142-143/p.148-149）
丸山洋生	名古屋学院大学スポーツ健康学部教授（p.38-39/p.44-45/p.72-85/p.94-96）
本臼美紀	愛知県教育委員会保健体育課指導主事（p.108-111）
竹形佳那恵	宇都宮市立昭和小学校養護教諭（p.114-115/p.140-141）
杉浦弘次	愛知県立知多翔洋高等学校教諭（p.118-119）
長船アクバル有	瀬戸市立光陵中学校教諭（p.130-131）
橋本真奈美	愛知県立瀬戸高等学校養護教諭（p.144-145）

保健主事の仕事

2025（令和7）年3月10日　初版第1刷発行

編著者：森　良一
発行者：錦織　圭之介
発行所：株式会社　東洋館出版社
　　　　〒101-0054　東京都千代田区神田錦町2-9-1
　　　　　　　　　コンフォール安田ビル2階
　　　　代　表　TEL 03-6778-4343　FAX 03-5281-8091
　　　　営業部　TEL 03-6778-7278　FAX 03-5281-8092
　　　　振　替　00180-7-96823
　　　　U R L　https://www.toyokan.co.jp
装　幀　水戸部 功
本文デザイン・組版　株式会社明昌堂
印刷・製本　株式会社シナノ

ISBN978-4-491-05768-2　　　　　　　　Printed in Japan

JCOPY 〈（社）出版者著作権管理機構 委託出版物〉
本書の無断複写は著作権法上での例外を除き禁じられています。複写される
場合は、そのつど事前に、㈳出版者著作権管理機構（電話03 -5244 -5088、
FAX03-5244-5089、e-mail：info@jcopy.or.jp）の許諾を得てください。